Anonymous

Tales for schools in Welsh

Cant o hanesion difyrus at wasanaeth ysgolion dyddiol - gyda geir-lechres Gymraeg a Saesneg i bob hanesyn

Anonymous

Tales for schools in Welsh
Cant o hanesion difyrus at wasanaeth ysgolion dyddiol - gyda geir-lechres Gymraeg a Saesneg i bob hanesyn

ISBN/EAN: 9783337082604

Printed in Europe, USA, Canada, Australia, Japan

Cover: Foto ©Paul-Georg Meister /pixelio.de

More available books at **www.hansebooks.com**

TALES FOR SCHOOLS.

(In Welsh.)

CANT

o

HANESION DIFYRUS

AT WASANAETH

YSGOLION DYDDIOL.

Gyda Geir-lechres (Vocabulary) Gymraeg a Saesneg i bob hanesyn.

WREXHAM: HUGHES AND SON, 56, HOPE STREET.
LONDON: SIMPKIN, MARSHALL, HAMILTON, KENT, AND Co., LTD.

PREFACE.

THIS work has been brought out to enable Teachers in the Elementary Schools of Wales to teach English Composition to the scholars of the upper standards by means of translation from Welsh.

In the New Code issued by the Education Department, provision is made for testing Composition so taught by the regulation which states that in Welsh districts an easy piece of Welsh written on the blackboard or read out twice, may be substituted for the story read out in English.

The Tales in this book have been carefully prepared, and phrases not easily translated have been avoided, so as not to place needless difficulties in the path of young scholars whose stock of English words is often very scanty.

The Vocabularies at the end of each story will be of great assistance to the scholars. The teachers should see that these words and phrases are carefully learnt, as they are seldom repeated. Words which are used only in certain districts in Wales are placed in brackets after those more generally used, as MAIP (erfin), *turnips*.

Translation is a very excellent way of acquiring an accurate and an idiomatic knowledge of any language. Pupils taught on this method acquire a copious vocabulary, and are able to distinguish shades of meaning which otherwise are apt to escape notice.

Teachers are recommended to read a good Welsh Grammar, so as to enable them to obtain sound and trustworthy information respecting the structure of the language. In Rowland's Welsh Grammar, issued by the Publishers of this volume, they will have a work admirably adapted for the purpose.

INTRODUCTION.

1. Welsh differs greatly from English in grammatical forms and in the arrangement of words in a sentence. To enable young scholars to translate readily and with intelligence, some of these differences will be briefly noticed.

The Mutations.

2. In Welsh some words change their first (or initial) letter when they follow certain words, or are placed in a certain position in a sentence.

3. These changes of the initial letters of words are called *Mutations*.

4. The letters which change or mutate are divided into three classes.

1st. Class: **c, p, t.** | 2nd. Class: **g, b, d.** | 3rd. Class: **ll, m, rh.**

NOTE.—These letters should be called by their Welsh names only; thus, **c** should be called **ec**, not *see*.

Examples of Mutations.—FIRST CLASS.

	Word.	First Change.	Second Change.	Third Change.
c	cath.	ei *g*ath.	fy *ng*hath.	ei *ch*ath.
	a cat.	*his cat.*	*my cat.*	*her cat.*
p	pen.	ei *b*en.	fy *mh*en.	ei *ph*en.
	a head.	*his head.*	*my head.*	*her head.*
t	tad.	ei *d*ad.	fy *nh*ad.	ei *th*ad.
	a father.	*his father.*	*my father.*	*her father.*

SECOND CLASS.

	Word.	First Change.	Second Change.
g	*g*wallt.	ei —wallt.	fy *ng*wallt.
	hair.	*his hair.*	*my hair.*
b	brawd.	ei *f*rawd.	fy *m*rawd.
	a brother.	*his brother.*	*my brother.*
d	dant.	ei *dd*ant.	fy *n*ant.
	a tooth.	*his tooth.*	*my tooth.*

THIRD CLASS.

	Word.	First Change.
ll	*ll*aw.	ei *l*aw.
	a hand.	*his hand.*
m	mam.	ei *f*am.
	a mother.	*his mother.*
rh	*rh*ieni.	ei *r*ieni.
	parents.	*his parents.*

NOTE.—The *Second Class* does not call for a third change, the radical form of the word being used.

The *Third Class* does not call for a second or third change, the radical form of the word being used in each case.

The Nominative Case.

5. In Welsh the Nominative is often placed after the Verb; as, Rhedodd Dafydd at y tŷ, *David ran to the house*. Daeth blaidd ac oen at yr un nant, *A wolf and a lamb came to the same brook*.

6. When a Pronoun is the Nominative it may be omitted; Rhoddais y llyfr i'r dyn, *I gave the book to the man*.

7. The Pronoun when Nominative may be placed before or after the Verb.
Pronoun before the Verb : **Mi** a ddanfonaf y gwas i'r dref, *I will send the servant man to the town*.
Pronoun after the Verb : Fe welais **i** y fuwch yn y cae, *I saw the cow in the field*.

8. When the Subject or Nominative is a Noun, and the Verb comes before it, the Verb is always Singular, whether the Noun be Singular or Plural; as,
    Curodd y bachgen ei ddwylaw, *The boy clapped his hands*.
    Curodd y bechgyn eu dwylaw, *The boys clapped their hands*.
    Y mae y ddafad ar y mynydd, *The sheep is on the mountain*.
    Y mae y defaid ar y mynydd, *The sheep are on the mountain*.

The Possessive Case.

9. When two Nouns come together in Welsh the second Noun is in the Possessive Case; as, Llyfr Dafydd, *David's book ;* ci y bugail, *the shepherd's dog*.

10. In English the Possessive case is shown in two ways:—
    First way : By putting **s** with an apostrophe ('s) after the Noun, which shews possession; as, *the boy's father*, tad y bachgen.
    Second way : By putting **of** between the two Nouns; as, *The Prince of Wales*, Tywysog Cymru ; *the Son of the Queen of England*, or *the Queen of England's son*, Mab Brenhines Lloegr.

11. When the two Welsh Nouns which come together are the names of things without life, the Possessive relation is shown in English by putting **of** between the English Nouns ; as.
    lliw yr afal, *the colour of the apple*.
    dyfnder yr afon, *the depth of the river*.
    achos y cynhwrf, *the cause of the disturbance*.
    hŷd y cae, *the length of the field*.

The Objective Case.

12. A Noun which is Objective to a Transitive Verb follows the Nominative placed after the Verb; as, Lladdodd Dafydd y cawr, *David killed the giant ;* Fe brynais i y ceffyl yn y ffair, *I bought the horse in the fair*.

13. When the Objective is a Pronoun it is placed after the Transitive Verb, and a Possessive Pronoun of the same Number and Person is placed before the Verb; as,
    Arthur a'i dysgodd ef, *Arthur taught him*.
    Gwladys a'u prynodd hwynt yn y dref,
    Gwladys bought them in the town.
    Mi a'ch anfonaf chwi at eich modryb,
    I will send you to your aunt.
    Fe'm tarawodd i ar fy mhen,
    He struck me on my head.

Gender.

14. There are only two Genders in Welsh, **Masculine and Feminine**.
Names of objects which in English are **Neuter** as to Gender, are in Welsh either **Masculine** or **Feminine**. Tŷ, *house*, is **Masculine**; Ysgol, *school*, is **Feminine**.

15. The following Rule will assist Welsh-speaking children to find the gender of any Noun in Welsh.

RULE.—If the Noun can take **mawr**, *great* or *large*, after it, the Noun is Masculine; as, tŷ mawr, *a large house*; pen mawr, *a large head*; llyfr mawr, *a large book*; cwmwl mawr, *a large cloud*.

If the Noun can take **fawr** after it, the Noun is Feminine; as ysgol fawr, *a large school*; cloch fawr, *a large bell*; eglwys fawr, *a large church*; ffon fawr, *a big staff*.

16. The Personal Pronoun of the Third Person Masculine Singular is *ef* or *efe*, which must be translated by *he* or *him* when the Pronoun refers to a person, and by *it* when it refers to something without life.

Canmolais y bachgen ; y mae ef yn ddiwyd iawn, *I praised the boy; he is very diligent*.

Yr oedd y cleddyf yn hardd ; cuddiodd y milwr ef ar lân y llyn, *The sword was beautiful; the soldier hid it on the side of the lake*.

17. *Hi* must be translated by *she* or *her* when it relates to a person, and by *it* when it refers to something without life.

Y mae eich modryb yn byw yn Aberdâr ; gwelais hi yno y llynedd, *Your aunt lives at Aberdare; I saw her there last year*.

Collwyd y faneg, ond cafwyd hi dranoeth, *The glove was lost, but it was found the next day*.

Negative Sentences.

18. A sentence which contains an Auxiliary Verb is made negative in English by placing *not* between the Auxiliary and the Principal Verb; and in Welsh by placing *ni* or *nid* before the Auxiliary.

John was talking in school
Yr oedd Ioan yn siarad yn yr ysgol. } Affirmative Sentence.

John was not talking in school,
Nid oedd Ioan yn siarad yn yr ysgol. } Negative Sentence.

19. An affirmative sentence which contains only one Finite Verb is made negative in English by placing *do not* before the Verb Infinitive, and in Welsh by placing *ni* or *nid* before the Verb.

The boy broke the window,
Torodd y bachgen y ffenestr. } Affirmative Sentence.

The boy did not break the window,
Ni thorodd y bachgen y ffenestr. } Negative Sentence.

Interrogative Sentences.

20. A sentence which contains an Auxiliary Verb is made interrogative in English by placing the Auxiliary before the Subject, and in Welsh by putting *a* before the Auxiliary.

Was John talking in school? A oedd Ioan yn siarad yn yr ysgol?

21. When a sentence contains only one Finite Verb it is made interrogative in English by placing *do* before the Subject and changing the Verb into the Infinitive Mood; and in Welsh by putting *a* before the Verb.

Did the girl read the book? A ddarllenodd yr eneth y llyfr?

	TUDAL.
Preface	3
Introduction	4
1.—Nyth yn yr Ysgol	9
2.—Y Faneg a Gollwyd	10
3.—Y Llwynog Cyfrwys	11
4.—Y Llwynog a'r Cwn	13
5.—Y Mwnci a'r Gneuen	14
6.—Y Llygod Cyfrwys	15
7.—Y Gath Foesgar	16
8.—Y Mwnci ar y Llong	17
9.—Y Ci Caredig	19
10.—Y Fran a'r Ci	20
11.—Y Ci Cynddeiriog	21
12.—Y Neidr yn y Cryd	22
13.—Ynys y Nadroedd	24
14.—Y Llygoden a'r Papur Pum' Punt	25
15.—Y Ci Ufudd	26
16.—Ci yn achub ei Feistr	28
17.—Cyfaill yr Adar Bach	30
18.—Dialedd Elephant	31
19.—Y Ddau Gi	33
20.—Y Foneddiges a'r Ci Cynddeiriog	34
21.—Dyfais Gywrain	35
22.—Y Gornchwiglen	36
23.—Pont y Morgrug Cochion	37
24.—Yspeilio yr Yspeilwyr	39
25.—Yr Ysgolfeistr a'r Bechgyn	40
26.—Y Llaw-Organydd Mud a Byddar	41
27.—Y Llawrlen Werthfawr	42
28.—Nerth Milwr	43
29.—Cosbi Cybydd	44
30.—Y Bechgyn Dewr	46
31.—Talu mewn Ffyrlingau	48
32.—Y Plant a'r Bleiddiaid	48
33.—Y Cwpan Arian	50
34.—Yr Arian-Nodau Colledig	51
35.—Brwydr y Plant	53
36.—Syr Walter Scott yn yr Ysgol	54
37.—Yr Epa Meddw	55
38.—Yr Arluniwr a'r Ci	57
39.—Cof Ci	58
40.—Y Ferch Wrol	59
41.—"Cough Candy"	60
42.—Gweithio a'i Ben	61
43.—Gwybod Gormod	62
44.—Dysgu Cyfansoddi Saesneg	63
45.—Y Cerbydwr Balch	65
46.—Y Curad a'r Dreth	65
47.—Y Bugail a Llanciau Llundain	66

Y CYNWYSIAD.

	TUDAL.
48.—Y Drws a'r Ffenestr	68
49.—Y Cybydd a'r Gof	69
50.—Ceffyl y Cigydd	70
51.—Yn y Tan	71
52.—Esgusodion y Plant	72
53.—Y Mochyn Glas	73
54.—Arbed Amser	74
55.—Y Boneddwr a'r Llo	74
56.—Twyllo Ffermwr	75
57.—Rhy Fawr i Weithio	77
58.—Yr Ysgolfeistr a'r Blychau	78
59.—Y Boneddigesau yn Llewygu	79
60.—Y Foneddiges a'r Gath	80
61.—Offer (Arfau) Gwr Boneddig	81
62.—Amaethu heb Dalu Rhent	82
63.—Ewch a De'wch	83
64.—Y Ffermwr Trachwantus	84
65.—Y Ffermwr a'r Cyfreithiwr	86
66.—Handel a'r Organydd	87
67.—Y Ceidwad a'r Gwallgofddyn	88
68.—Y Lladron Dychrynedig	89
69.—Y Cadfridog a'r Milwr	90
70.—Y Gyrwr Gofalus	90
71.—Y Cychwr Gwrol	91
72.—Y Morgrugyn a'r Ceiliog Rhedyn	94
73.—Nod Drwg	94
74.—Y Bachgen yn yr Ysgol Garpiog	95
75.—Dysgwch Blygu	96
76.—Dyferyn o Inc	97
77.—Y Bachgen Anufudd	98
78.—Cosp Drom	100
79.—Y Ffermwr Haelionus	101
80.—Y Bachgen a'r Llyffant	103
81.—Y Garddwr Ufudd	104
82.—Y Morwyr ar y Graig	105
83.—Araeth Ddirwestol	106
84.—Yr Asyn a'r Afalau	108
85.—Y Tywysog Dirwestol	109
86.—Y Bachgen Mud	111
87.—Moesgarwch y Spartiaid	112
88.—Alexander Fawr a'i Filwyr	113
89.—Yr Athronydd a'r Goron Aur	114
90.—Perlau y Foneddiges	115
91.—Lladd Gelyn	116
92.—Syr Dafydd Gam	118
93.—Dienyddiad Arglwydd Russell	118
94.—Llun y Brenin	119
95.—Y Meddyg a'r Indiaid	120
96.—Cymwynas i Swyddog Tlawd	121
97.—Prydlondeb	122
98.—Bonaparte a'r Milwr	123
99.—Y Milgi Ffyddlawn	124
100.—Codi yn Fore	125
Idiomatic Sentences	127

HANESION DIFYRUS.

1.—Nyth yn yr Ysgol.

DARFU i ddau Robyn wneud eu nyth unwaith mewn ysgoldy, lle yr oedd dros dri ugain o blant yn bresenol bob dydd. Y man a ddewisasant i wneud eu nyth oedd ar astell uwch ben dosbarth o ferched bychain o bump i chwech mlwydd oed; a mawr oedd gofal y plant rhag i neb aflonyddu yr adar.

Yno yr eisteddodd yr iâr, ac y deorodd bump o gywion bach. Bu un o honynt farw yn fuan, a chludwyd ei gorff ef ymaith gan yr hen adar. Magwyd y pedwar ereill yn mhresenoldeb y plant. Cyn gynted ag y daeth y rhai bach yn alluog i wneud drostynt eu hunain, ymadawodd yr holl deulu.

Bu nyth yn yr un fan am y deuddeg mlynedd dilynol.

GEIR-LECHRES (Vocabulary).

ADAR, ADERYN, birds, bird.
AFLONYDDU, disturb.
ASTELL, board.
BYCHAIN, little *(plural)*.
CLUDWYD, was carried.
CORFF, body.
CYN GYNTED AG, as soon as.
CYW, young bird, chick.
DEORODD, hatched.
DEUDDEG, twelve.
DEWIS-AS-ANT, they chose.
DILYNOL, following.
DOSBARTH, class.
DROSTYNT EU HUNAIN, for themselves.
EISTEDDODD, sat.
GOFAL, care.
GWNEUD, make, do.
IAR, hen.

MAGWYD, were reared.
MAN, place.
MAWR, great.
MARW, dead.
NYTH, nest.
POB DYDD, every day.
PRESENOL, present.
PRESENOLDEB, presence.
RHAG, lest.
TEULU, family.
TRIUGAIN, sixty.
UNWAITH, once.
UWCH BEN, above, overhead.
YMADAWODD, left.
YMAITH, away.
YN FUAN, soon.
YSGOLDY, schoolroom.

DARFU I DDAU ROBYN WNEUD EU NYTH, two Robins made their nest.

2.—Y Faneg a gollwyd.

YR oedd hi yn mron naw o'r gloch, ac yn bryd i Arthur gychwyn i'r ysgol. Ond nid oedd yn barod, am ei fod yn methu dod o hyd i un o'i fenyg, er ei fod wedi chwilio yn ddyfal am dani yn mhob ystafell yn y tŷ.

Yr oedd y boreu yn oerllyd, ac yr oedd am gael y faneg i gadw ei law yn gynes. Gan nad allai ei gweled, gwisgodd yr un faneg oedd ganddo ar un law, a dododd ei law arall yn ei boced.

Yn y prydnawn aeth ei fam i'r pantri, a digwyddodd iddi godi cauad basged yn yr hon yr oedd yn cadw afalau. Yno o'i blaen gwelai faneg, ac wedi edrych arni, adnabyddodd hi ar unwaith. Dyma'r faneg y bu Arthur yn chwilio am dani y boreu hwnw.

Yr oedd y fam yn deall fod rhyw un yn cymeryd afalau heb yn wybod iddi. Yr oedd y faneg yn dangos iddi pwy oedd y lleidr dirgel. Pan ddychwelodd Arthur o'r ysgol, cafodd ei alw i gyfrif am ei ymddygiad gwael yn cymeryd y ffrwythau heb ganiatâd ei fam.

GEIR-LECHRES (Vocabulary).

ADNABYDDODD, knew.
AFAL, apple.
BRON, YN MRON, nearly.
CADW, keep.
CANIATAD, permission.
CAUAD, cover.
CODI, to raise, lift.
COLLWYD, was lost.
CYCHWYN, to start, to go.
CYFRIF, account.
CYMERYD, take.
CYNES, warm.
CHWILIO, to search.
DEALL, understand, know.
DIGWYDDODD, happened.
DIRGEL, secret.
DOD O HYD, to find, to get.
DYCHWELODD, returned.
DYFAL, diligent.
YN DDYFAL, diligently, carefully.

ER EI FOD WEDI CHWILIO, though he had searched.
FFRWYTH, fruit.
GALW, call.
GALLAI, he could.
GWAEL, mean, bad.
GWISGO, to wear, to put on.
HEB, without.
LLEIDR, thief.
MANEG, glove.
NAW O'R GLOCH, nine o'clock.
OERLLYD, cold.
O'I BLAEN, before her.
PANTRI, pantry.
PAROD, ready.
PRYD, time.
PRYDNAWN, afternoon.
YMDDYGIAD, conduct.
YN MRON, nearly.
YSTAFELL, room.

3.—Y Llwynog cyfrwys.

YR oedd ffermwr yn edrych allan trwy y ffenestr un boreu, pan welodd Lwynog (cadnaw) yn croesi y cae dan y tŷ gyda hwyaden yn ei gêg. Ar waelod y cae yr oedd gwâl (mûr) gerig oddeutu pedair troedfedd o uchder.

Ymdrechodd y Llwynog neidio dros y wâl gyda'r hwyaden yn ei gêg, ond methodd. Wedi iddo fethu deirgwaith, eisteddodd i lawr, ac edrychodd ar y mûr am ychydig funudau, fel pe yn ystyried beth i'w wneud. Yna cododd i fyny a chymerodd afael yn y hwyaden gerfydd ei phen. Safodd i fyny yn syth ar ei draed ôl, a gosododd ei draed blaen ar y mûr. Yna dododd big y hwyaden mewn agen yn y mûr mor uchel ag y medrai gyrhaedd. Wedi iddo wneud hyn, neidiodd i ben y mûr, ac estynodd ei ben i lawr, a gafaelodd yn y hwyaden. Yna gadawodd iddi syrthio yr ochr arall i'r wàl. Neidiodd i lawr ar ei hol, cododd hi i fyny eilwaith, a rhedodd ymaith i'w ffau yn y coed.

GEIR-LECHRES (Vocabulary).

AGEN, crack, crevice.
ALLAN, out.
AR EI HOL, after it *(feminine)*.
ARALL, other.
BOREU, morning.
CADNAW, fox.
CODODD, he rose, stood up.
COED, wood.
CROESI, to cross.
YN CROESI Y CAE, crossing the field.
CYFRWYS, sly, cunning.
CYMERODD, he took.
CYMERODD AFAEL, he took hold.
CYRHAEDD, reach.
DODODD, he put.
EDRYCHODD, he looked.
EILWAITH, the second time.
ESTYN, reach, stretch out.
FEL PE, as if.
FFAU, den.
FFENESTR, window.
GADAWODD, he left.
GAFAEL, hold.
GERFYDD, by.

GOSODODD, he placed, fixed.

GWAELOD, bottom.
GWAL, wall.
GWELODD, he saw.
HWYADEN, duck.

I LAWR, down.
I FYNY, up.
LLWYNOG, fox.
MEDRAI, he could.
METHODD, he failed.
MOR, as, so.
MOR UCHEL AG, as high as.
MUNUDAU, minutes.
MUR, wall.
NEIDIO, to jump.

OCHR, side.
ODDEUTU, about.
PAN, when.
PEN, head, top.
PEN Y MUR, top of the wall.
PIG, bill, beak.
RHEDODD, he ran.
TRAED BLAEN, forefeet.
TRAED OL, hind feet.
TROEDFEDD, a foot *(in length)*.
TEIRGWAITH, three times, thrice.
UCHDER, height.
UCHEL, high.
WEDI IDDO FETHU, after he had failed.
WEDI IDDO WNEUD HYN, after he had done this.
YCHYDIG, a few.
YMAITH, away.
YMDRECHODD, he tried.
YSTYRIED, to consider.

4. Y Llwynog a'r Cwn.

UNWAITH yr oedd cŵn yn rhedeg ar ol Llwynog, a chan eu bod yn gyflym bu agos iddynt ei ddal. Gwelodd y Llwynog wàl gerig isel o'i flaen. Rhedodd ati gyda'r cŵn ar ei ol.

Pan ddaeth at y wàl, neidiodd drosti, ac yna cerddodd ychydig latheni mor agos ag oedd yn bosibl ati, a gorweddodd i lawr.

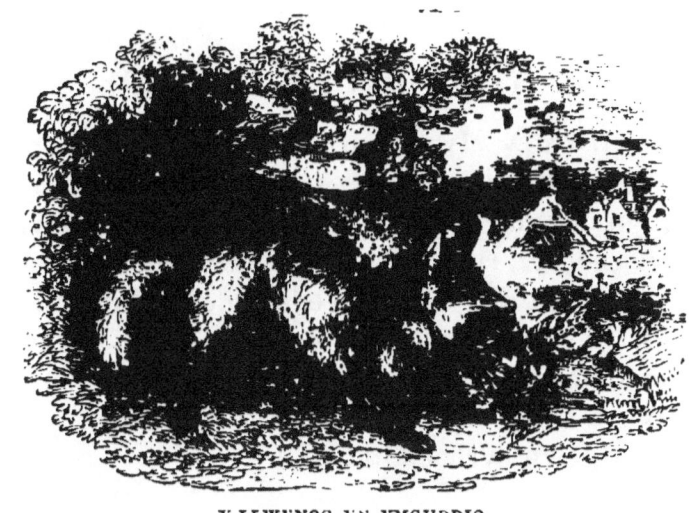

Y LLWYNOG YN YMGUDDIO.

Neidiodd y cŵn dros y wàl a thros y Llwynog, ac heb sylwi arno rhedasant yn mlaen ar eu cyfer. Yr oeddent yn myned mor gyflym, fel nas gallent sefyll (ystopio); ac ni welodd yr un o honynt y Llwynog yn ymguddio.

Wedi iddynt fyned ychydig o ffordd, neidiodd y llwynog yn ol dros y wàl; ac yr oedd allan o'r golwg. Aeth y cŵn yn mlaen; a diangodd y Llwynog y diwrnod hwnw heb gael ei ddal.

GEIR-LECHRES (Vocabulary).

AGOS, near.
YN AGOS A'I DDAL, nearly caught him.
AR EU CYFER, straight on.
CAREG, CERIG, stone, stones.
CERDDED, to walk.
CYFER, opposite.
CYFLYM, fast.
DAL, hold.
DIANC, escape.
DIWRNOD, day.

FFORDD, way.
GOLWG, sight.
GORWEDD, to lie.
ISEL, low.
LLATHEN, a yard.
RHEDEG, to run.
SYLWI, to notice.
YMGUDDIO, to hide himself.
YN OL, back.
YSTOPIO, stop.

5.—Y Mwnci a'r Gneuen.

GWELWYD Mwnci unwaith mewn arddangosfa gwylltfilod yn dangos medrusrwydd oedd yn mron yn ddynol. Taflodd bachgen gneuen i'r Mwnci, ond yr oedd yn rhy bell o'i gyrhaedd, gan iddi ddisgyn tu allan i'r ffau. Wedi iddo syllu arni am funud, ymaflodd mewn gwelltyn. Yna gwnaeth ddolen o hono drwy ei blygu, a gwthiodd ef o dan y barau, a thrwy dynu yn ofalus, llwyddodd i gael y gneuen o fewn cyrhaedd iddo.

GEIR-LECHRES (Vocabulary).

ARDDANGOSFA, show.
BARAU, bars.
CNEUEN, CNAU, nut, nuts.
DANGOS, to show.
DISGYN, to fall.
DOLEN, loop.
DYNOL, human.
GWELWYD, was seen.
GWELLTYN, a straw.
GWYLLTFIL, GWYLLTFILOD, wild beast, wild beasts.

LLWYDDO, to succeed.
MEDRUSRWYDD, skill.
PELL, far, distant.
PLYGU, to bend.
SYLLU, to look hard at, to gaze.
TAFLU, to throw.
TU ALLAN, outside.
TYNU, to draw.
YMAFLODD, he took hold of, he seized.

6.—Y Llygod Cyfrwys.

YR oedd llawer iawn o lygod mewn hen ysgubor wrth ein tŷ ni. Pan ddodwyd yr ŷd yno ar ol y cynhauaf, gwelwyd eu bod yn peri colled fawr. Dywedodd fy nhad wrthyf y cawn ddimai am bob llygoden fyw a fedrwn ddal.

Dranoeth aeth fy chwaer i'r dref, a phrynodd dràp â thri thwll ynddo. Wedi i mi ei osod yn iawn gyda chaws yn mhob twll, dodais ef yn yr ysgubor. Cefais dair llygoden yn y tràp bob boreu am wythnos.

LLYGOD.

Un boreu pan aethum at y tràp fel arfer, gwelais nad oedd yr un wedi ei dal er fod y caws wedi myned. Felly y digwyddodd am y ddau ddiwrnod dilynol, dim llygod a dim caws.

Aethum i wylio y noswaith hono sut yr oedd y peth yn cymeryd lle. Yr oedd y lleuad yn goleuo trwy agen yn y drws; a phan yn sefyll mewn man neillduol yn yr ysgubor, gwelwn lygoden yn myned at y tràp, ac yna yn gwichian. Ar hyn daeth tair neu bedair o lygod yno, ond ni ddododd yr un o honynt ei phen yn un o dyllau y tràp.

Yna gwelais un yn cerdded yn mlaen at y tràp, ac yn gwthio ei chynffon yn ofalus i un o'r tyllau. Achosodd hyn i'r tràp syrthio, yna tynodd ei chynffon allan, a gafaelodd yn y caws yn ddiberygl, a rhanodd ef gyda'r lleill. Yn yr un modd cafwyd y caws allan o'r tyllau ereill.

GEIR-LECHRES (Vocabulary).

ACHOSODD, caused.
AETHUM, I went.
CAWN, I should have.
CAWS, cheese.
CYNHAUAF, harvest.
CYNFFON, tail.
DIM, no, nothing.
DIMAI, halfpenny.
DODI, to put, to place.
EREILL, others.
GOFALUS, careful.
YN OFALUS, carefully.
GOLEUO, to give light.
GOSOD, to fix, to place.
GWICHIAN, squeak.

GWTHIO, push.
GWYLIO, to watch.
LLAWER IAWN, very many.
LLYGOD, LLYGODEN, mice, mouse.
MODD, way.
NOSWAITH, night.
PERI, to cause.
RHANU, to share, divide.
SUT, how.
TWLL, TYLLAU, hole, holes.
TYNU, to pull, to draw.
WRTHYF, to me.
YD, corn.
YSGUBOR, barn.
YR UN MODD, the same way.

7.—Y Gath Foesgar.

UNWAITH yr oedd genyf gath yr hon oedd bob amser yn eistedd wrth y bwrdd gyda mi i gael ciniaw. Yr o ddwn yn gosod napcyn am ei gwddf, a thamaid o bysgodyn ar blât o'i blaen. Yr oedd hi yn codi y bwyd i'w cheg â'i phawen gyda'r gofal mwyaf, ac yr oedd yn ymddwyn yn briodol wrth y bwrdd. Pan fyddai wedi bwyta y cyfan, arferwn weithiau roddi tamaid o'm pysgodyn i iddi. Un diwrnod pan ganwyd y gloch nid oedd y gath i'w gweled yn un man, a dechreuwyd y ciniaw hebddi. Pan oedd y plâtiau yn cael eu gosod ar y bwrdd, rhedodd y gath i fyny y grisiau, a neidiodd i'w chader gyda dwy lygoden yn ei safn. Cyn y gellid ei hatal, yr oedd wedi dodi un lygoden ar ei phlât ei hun, a'r llall ar fy mhlât i. Yr oedd hi am ranu ei chiniaw gyda mi, fel yr oeddwn i wedi rhanu gyda hi.

GEIR-LECHRES (Vocabulary).

AMSER, time.
POB AMSER, everytime, always.
ARFERWN, I used.
ATAL, to stop.
BWYD, food.
BWYTA, eat.
CADER, chair.
CANWYD Y GLOCH, the bell was rung.
CINIAW, dinner.
CYFAN, all, the whole.
DECHREU, to begin.
GRISIAU, steps, stairs.
GYDA, with.

GWDDF, neck.
HEBDDI, without her.
MOESGAR, polite.
MWYAF, greatest.
NAPCYN, napkin, serviette.
O'I BLAEN, before her.
PAWEN, paw.
PLAT, plate.
PYSGODYN, fish.
SAFN, mouth.
TAMAID, a bit, piece.
WEITHIAU, sometimes.
YMDDWYN, to behave.

8.—Y Mwnci ar y Llong.

UNWAITH pan oeddwn yn dychwelyd mewn llong, yr oedd genyf fwnci, yr hwn oedd yn hoff iawn o chwareu; eto yr oedd yn rhydd oddi wrth ystranciau drwg. Cai lawer o ddifyrwch trwy ddwyn y sebon oedd genyf at ymolchi. Ceryddais ef am hyn, ac yna bu yn fwy gofalus rhag i mi ei weled yn ei ddwyn.

MWNCIOD.

Un boreu pan oeddwn yn ysgrifenu, ac hefyd yn cadw fy llygaid arno, canfyddais ef yn cymeryd y sebon yn ol ei arfer. Ni chymerais arnaf fy mod yn ei weled nes iddo fyned ag ef ymaith, pryd y tybiai yn ddiameu nad oeddwn wedi sylwi arno.

Pan gyrhaeddodd y drws gelwais arno mewn llais isel ond digon uchel iddo fy nghlywed. Cyn gynted ag y deallodd fy mod wedi ei weled, cerddodd yn ol yn araf, a rhoddodd y sebon yn ei le priodol ar y bwrdd.

GEIR-LECHRES (Vocabulary).

ARAF, slow.
YN ARAF, slowly.
ARFER, custom, way.
ARNO, on him.
BWRDD, table.
CADW, to keep.
CAI, he had.
CANFYDDAIS, I saw.
CERYDDU, to punish.
CLYWED, to hear.
CHWAREU, to play.
DEALL, to understand.
DIAMEU, no doubt.
YN DDIAMEU, without doubt.
DIFYRWCH, pleasure, amusement.
DWYN, to take.

DYCHWELYD, to return.
GENYF, with me.
YR OEDD GENYF, I had.
GWELED, to see.
HOFF, fond.
LLAIS, voice.
LLONG, ship.
LLYGAD, LLYGAID, eye, eyes.
MWNCI, monkey.
PRIODOL, proper, right.
RHYDD, free.
SEBON, soap.
TYBIAI, he thought.
YSTRANCIAU, pranks.
YMOLCHI, to wash one's self.
YSGRIFENU, to write.

9.—Y Ci caredig.

YCHYDIG ddyddiau yn ol yr oedd dyn yn ardal Birmingham yn myned i foddi cath fach mewn llyn. Dilynid y dyn gan ei gi. Pan welodd y ci y gath yn cael ei thaflu i'r dwfr, neidiodd ar ei hol, a dygodd hi i'r lân.

Taflwyd hi eilwaith, ac aeth y ci ar unwaith i'w gwaredu. Nid cynt yr oedd hi allan nag y taflodd y dyn y gath y trydydd tro i'r llyn. Nofiodd y ci ati eto, ac wedi gafaelyd ynddi, aeth yn ei flaen i'r ochr arall. Yna rhedodd â hi gartref yn ei geg, ac a'i dododd yn ofalus ar yr aelwyd i sychu o flaen y tân.

Byth wedi hyny y mae y ddau yn gyfeillion mawr, yn cysgu yn yr un gwely ac yn bwyta o'r un llestr.

GEIR-LECHRES (Vocabulary).

AELWYD, hearth.
AR EI HOL, after her.
ARDAL, neighbourhood.
BYTH, ever.
CAREDIG, kind.
CARTREF, home.
CYFAILL, friend.
CYSGU, to sleep.
DYGODD, he brought.
EILWAITH, second time.
GLAN, side, shore.
I'R LAN, to shore, to land.

GWAREDU, to save.
OWELY, bed.
LLESTR, vessel, dish.
LLYN, lake, pond.
NOFIO, to swim.
OCHR, side.
SYCHU, to dry.
TAN, fire.
TRO, time.
WEDI HYNY, afterwards.
YN OL, ago.

10.—Y Fran a'r Ci.

RAI blynyddoedd yn ol cedwid brân ddôf mewn tŷ tafarn. Un diwrnod aeth cerbyd ar draws troed ci mawr oedd yno, ac anafwyd y creadur yn bur dost. Pan yr oedd gwas y tŷ yn edrych ar droed y ci, safodd y frân wrth ochr y dyn gan ddangos cryn bryder o herwydd yr anffawd. Rhwymwyd y ci yn yr ystabl, lle yr ymwelai y frân ag ef. Dygai esgyrn iddo, gan ddangos gofal mawr am dano, a serch neillduol ato ; ac ni ymddangosai yr aderyn yn hapus ond pan fyddai gyda'r ci.

Digwyddodd yn ddamweiniol un noswaith i ddrws yr ystabl gael ei gau yn erbyn y frân, fel nad allai fyned i mewn at y ci fel arferol. Ond y fath ydoedd gofal yr aderyn am dano, fel y ceisiodd weithio ei ffordd ato trwy bob rhwystr.

Ymosododd gydag egni ar y drws, gan ei bigo gyda'r diwydrwydd mwyaf. Pan ddaeth y gwas yno yn y boreu cafodd fod y frân wedi tori twll trwy y drws i gael ffordd i mewn at ei hoff gydymaith.

GEIR-LECHRES (Vocabulary)

ANAFWYD, was injured.
ANFFAWD, misfortune, bad luck, accident.
AR DRAWS, over.
BLYNYDDOEDD, years.
BRAN, crow.
CAU, shut.
CEDWID, was kept.
CEISIO, to seek, to try.
CERBYD, carriage.
CYDYMAITH, companion.
DAMWAIN, accident.
YN DDAMWEINIOL, by accident.
DIWYDRWYDD, diligence, hard work.
DOF, tame.
ERBYN, against.
EGNI, effort, earnestness.

GWAS, servant-man.
GWEITHIO, to work.
HOFF, dear.
NEILLDUOL, particular, great.
OCHR, side.
PIGO, to pick.
PRYDER, care, anxiety.
RHWYMWYD, was tied.
RHWYSTR, hindrance, anything in the way.
SERCH, affection, love.
TAFARN, inn.
TOST, severe.
YMDDANGOSAI, appeared.
YMOSODODD, attacked.
YMWELAI, visited.
YSTABL, stable.

11.—Y Ci cynddeiriog.

MEWN tref fechan ar lân y môr un diwrnod gwelwyd ci bychan cynddeiriog yn rhedeg yn wyllt trwy yr ystrydoedd. Yr oedd ar bawb ei ofn, a ffôdd y bobl o'i ffordd.

Yr oedd masnachwr yn y dref yn berchen ci mawr deallus. Y diwrnod hwnw yr oedd y ci yn gorwedd o flaen masnachdy ei feistr. Pan welodd y ci cynddeiriog yn dyfod heibio, rhedodd ato, a gafaelodd yn dỳn ynddo gerfydd ei wddf. Yna rhedodd tuag at y môr, ac wedi neidio i mewn iddo, daliodd ben y ci bychan dan y dŵr nes y boddodd ef.

Dilynwyd y cŵn gan dorf fawr o bobl, a phan ddaeth y ci deallus allan, yr oedd pawb yn ei ganmol, gan dynu eu dwylaw dros ei ben a'i gefn. Estynodd ereill bob math o dameidiau blasus iddo, yr hyn oedd yn boddio y ci yn fawr.

Ond cafodd y fath garedigrwydd effaith ddrwg ar y ci. Y dyddiau dilynol pan welai unrhyw gi bychan ar yr heol, gafaelai ynddo, ac yna boddai ef yn y môr. Mewn canlyniad achwynwyd wrth y masnachwr gan berchenogion y cŵn bychain, a gorfu i'r masnachwr gan y ci i fyny fel na foddai ychwaneg o gŵn.

GEIR-LECHRES (Vocabulary).

ACHWYN, to complain.
BLASUS, nice, pleasant to taste.
BODDI, to drown.

BODDIO, to please.
CANLYNIAD, consequence.
CANMOL, to praise.
CAREDIGRWYDD, kindness.
CYNDDEIRIOG, mad.
DEALLUS, intelligent.
DILYNWYD, was followed.

DRWG, bad.
DWYLAW, hands.
EFFAITH, effect.
ESTYN, reach, give.
FFODD, ran away, fled.
FFORDD, way.

GLAN Y MOR, sea shore.
GORFU, was forced, compelled.
GORFU I'R MASNACHWR, the tradesman was forced.
GORWEDD, lying down.
GWELWYD, was seen.
GWYLLT, wild.
YN WYLLT, wildly.
HEIBIO, by.
HEOL, road, street.
MASNACHWR, merchant, tradesman.
MASNACHDY, shop.
MATH, kind.
OFN, fear.
PAWB, everybody, all.
TREF, town.

12.—Y Neidr yn y Cryd.

UN boreu hyfryd yn mis Mai aeth gwraig i'r ardd oedd tu cefn i'w thŷ, gan adael ei baban bach yn cysgu yn y crŷd. Yn mhen ychydig amser cerddodd at y ffenestr er mwyn gweled a oedd y baban yn dal i gysgu.

Dychrynwyd hi yn fawr iawn pan welodd fraich y baban yn hongian allan o'r crŷd gyda neidr fawr wedi ymdorchi am dani. Bu y fam druan yn mron llewygu gan yr olygfa ofnadwy. Ar ol ystyried

Y NEIDR YN Y CRYD. 23

ychydig pa fodd y gallai waredu ei phlentyn, cofiodd fod dyn yr hwn oedd yn aml yn dal nadroedd yn byw yn y pentref gerllaw.

Rhedodd at ei dŷ, a dywedodd wrtho yr hyn oedd wedi cymeryd lle. Dywedodd yntau wrthi am fyned yn ol, ond nad oedd i wneud un math o sŵn a ddeffroai y baban neu a dârfai y neidr; a byddai iddo ei dilyn mewn ychydig funudau. Daeth y dyn yno yn fuan yn dwyn llestr yn llawn o laeth poeth.

Agorodd y drws ac aeth i mewn yn ddistaw, a dododd y llestr ar y llawr. Cyn bo hir dechreuodd y neidr ollwng ei gafael ar fraich y baban, ac wedi iddi gyrhaedd y llawr ymlusgodd yn mlaen at y llaeth. Pan welodd y fam fod ei phlentyn yn rhydd, rhuthrodd at y cryd a chododd ei baban i fyny, tra yr oedd y dyn yn lladd y neidr.

GEIR-LECHRES (Vocabulary).

AML, many, frequent.
YN AML, often.
BABAN, baby.
BRAICH, arm.
COFIO, remember.
CRYD, cradle.
DEFFRO, awake.
DISTAW, quiet, silent.
YN DDISTAW, quietly.
DYCHRYNWYD, was frightened.
DYWEDODD, said.
ER MWYN, in order to.
GADAEL, to leave.
GARDD, garden.
GER LLAW, near.
GOLYGFA, sight, view.
GOLLWNG, loosen, let go.
GWAREDU, save.
GWRAIG, woman.

HONGIAN, to hang.
HYFRYD, pleasant.

LLADD, kill.
LLAETH, milk.
LLAWN, full.
LLAWR, floor.
LLESTR, vessel.
LLEWYGU, to faint.
MIS, month.
NEIDR, snake.
OFNADWY, dreadful, frightful.
PENTREF, village.
PLENTYN, child.
POETH, hot.
RHUTHRODD, rushed.
RHYDD, free.
SWN, sound.
TARFU, drive away, frighten.
TU CEFN, behind.
YMDOECHI, to twist itself.
YMLUSGODD, dragged itself, crawled.
YSTYRIED, consider, think.

13.—Ynys y Nadroedd.

YN un o lÿnoedd mawr America, y mae ynys fechan dlos, ond rhai blynyddoedd yn ol ni allai yr un bôd dynol fyw arni, am fod yno nifer lluosog o nadroedd. Un prydnawn ystormus drylliwyd llong fechan ar lânau yr ynys. Yr oedd yn y llong lwyth o foch byw. Diangodd y dwylaw i'r tir, gan ddwyn gyda hwynt yr oll o'r moch.

NEIDR.

Ond yr oedd yn anmhosibl iddynt aros yn y fath le, am fod yno gymaint o nadroedd. Wedi iddynt adgyweirio y llong, ac i'r ystorm dawelu, ymadawsant â'r ynys gan adael y moch yno.

Gwasgarodd y moch dros yr holl ynys; ac yn mhen ychydig amser daeth eu perchenog yno mewn llong arall i edrych am danynt. Mawr oedd ei syndod pan welodd y moch mewn cyflwr da, yn dew ac wedi pesgi yn rhagorol. Yr oeddent wedi bwyta yr holl nadroedd, ac nid oedd un o'r fath greaduriaid peryglus i'w gweled yn yr ynys.

GEIR-LECHRES (Vocabulary).

ADGYWEIRIO, repair, mend.
ANMHOSIBL, impossible.
AROS, to remain, stay.
BOD, being.
BYW, living.
CREADURIAID, creatures.
CYFLWR, state, condition.
CYMAINT, so many.
DLOS, beautiful.
DRYLLIWYD, was wrecked.
DWYLAW, hands, crew.
GALLAI, could.
GWASGARODD, spread.
HOLL. all.
LLUOSOG, numerous, many.

LLWYTH, load, cargo.
MOCH, pigs.
NIFER, number.
PERCHENOG, owner.
PESGI, to feed, to grow fat.
RHAGOROL, very well, excellent.
SYNDOD, surprise, wonder.
TAWELU, to grow calm, quiet.
TEW, fat.
TIR, land.
TLWS, TLOS, beautiful.
YMADAWSANT, left.
YNYS, island.
YSTORMUS, stormy.

14.—Y Lygoden a'r Papyr Pum' Punt.

DIGWYDDODD i siopwr yn Liverpool ddodi papyr pum' punt ar fwrdd mewn ystafell neillduol yn ei dŷ. Nid oedd neb ond y perchen yn myned i'r ystafell hon, a chedwid y drws bob amser yn gloedig.

Un diwrnod pan aeth y siopwr i geisio y papyr, yr oedd wedi diflanu. Wrth chwilio am dano, gwelodd y dyn fod twll llygoden mewn un gornel o'r ystafell.

Danfonwyd i nol saer coed, a chododd hwnw astell o'r llawr.

Cafwyd yno bentwr mawr o bapyr wedi ei dori yn dameidiau mân. Ar un ochr i'r pentwr gwelwyd nyth o lygod bach yn gorwedd ar y papyr pum' punt. Nid oedd y papyr wedi ei niweidio mewn un modd, a hwnw oedd yr unig bapyr yn y lle nad oedd wedi ei ddarnio.

Yr oedd y lygoden wedi dwyn y papyr i'w thwll yn blygedig fel yr oedd ar y bwrdd, ac yna wedi ei agor a'i daenu fel blanced yn ei nyth. Yn ddiameu, teimlai y lygoden fod hwn yn fwy meddal ac ystwyth na'r papyrau a gymerwyd ganddi o'r blaen.

GEIR-LECHRES (Vocabulary).

AGOR, open.
BLANCED, blanket.
CAFWYD, was found.
CLO, a lock.
CLOEDIG, locked.
CORNEL, a corner.

DANFONWYD, was sent.
DARNIO, to break to pieces.
DIFLANU, to disappear.
GORWEDD, to lie down.
I NOL, to fetch.
MAN, small.
MEDDAL, soft.

NIWEIDIO, to injure.
PAPYR, paper, note.
PENTWR, a heap.
PLYGEDIG, folded.
PUM' PUNT, five pounds.
PAPYR PUM' PUNT, five pound note.
SAER COED, carpenter, joiner.
SIOPWR, a shopkeeper.
TAENU, to spread out.
TEIMLAI, felt.
TORI, to break.
YSTWYTH, easily bent, flexible.

15.—Y Ci ufudd.

Y MAE un o farsiandwyr cyfoethog Caerdydd yn berchen ci mawr Sant Bernard, o'r enw Rover. Ychydig ddyddiau yn ol rhoddodd y per-

Y CI UFUDD.

chenog brawf o ufudd-dod ac addysg dda y ci i rai cyfeillion oeddent yn ymweled ag ef.

Yr oeddent yn eistedd oddi amgylch i'r bwrdd yn yr ystafell giniaw yn edrych ar y ci yn gorwedd ar y glaswellt o flaen y ffenestr agored. Chwibanodd y meistr, ac ar unwaith neidiodd y ci trwy y ffenestr ato. Gosodwyd darn o gig ar ymyl y bwrdd, ond ni ddywedodd y meistr un gair wrth y ci yn ei gylch. Edrychodd yr anifail ar y cig, ac yn nesaf ar ei feistr, yr hwn ni chymerai arno sylwi ar y ci, ond parhäi i siarad a'i gyfeillion.

Wedi i'r ci fod am bum' mynyd llawn yn sefyll yn y dull hwn, dywedodd y boneddwr mewn llais cyffredin,—" Cymer ef." Diflanodd y darn cîg mewn amrantiad.

Dylai plant gael eu dysgu i lywodraethu eu hunain, ac i ufuddhau i'w rhïeni a'u hathrawon, yna byddant yn llawer mwy dedwydd wedi iddynt dyfu i fyny.

GEIR-LECHRES (Vocabulary).

ADDYSG, education, training.
AGORED, open.
AMRANTIAD, an instant, the twinkling of an eye.
ANIFAIL, animal.
ATHRAW, teacher.
CAERDYDD, Cardiff.
CIG, meat.
CYFEILLION, friends.
CYFOETHOG, rich.
CYFFREDIN, common, usual.
CHWIBANODD, whistled.
DULL, way.
EDRYCHODD, looked.
EISTEDD, to sit.

EU HUNAIN, themselves.
GAIR, word.
GLASWELLT, grass.
LLYWODRAETHU, to govern.
MARSIANDWYR, merchants.
ODDI AMGYLCH, round about.
PARHAI, continued.
PRAWF, proof.
SEFYLL, stand.
SIARAD, to speak.
UFUDD-DOD, obedience.
UFUDDHAU, to obey.
YMYL, edge.

16.—Ci yn Achub ei Feistr.

ADWAENEM foneddwr cyfoethog oedd yn berchen ci o faintioli mwy na'r cyffredin. Yroedd yn greadur gwyliadwrus a deallus iawn. Er ei fod yn aml yn cael ei ollwng i grwydro yma ac acw, yr oedd yn gyffredin wedi ei gadwyno i fyny yn ystod y dydd.

Un diwrnod pan ollyngwyd ef yn rhydd, sylwyd ei fod yn canlyn ei feistr i bob man yr elai. Pan ddaeth un o'r morwynion i'w gymeryd i'w gadwyno fel arfer, aeth i orwedd mor agos i'w feistr ag oedd yn ddichonadwy, a dangosodd ei ddanedd mewn modd mor fygythiol ar y ferch, fel y dymunodd y boneddwr arni ei adael yn llonydd. Pan aeth y boneddwr i'w ystafell i gysgu, dilynodd y ci ef, a rhedodd dan y gwely; a chan nad ellid ei gael oddi yno, gadawyd ef i aros yn y fan hono.

Tua chanol nos daeth dyn i mewn yn ddistaw i'r

ystafell, ac ymgeisiodd drywanu y boneddwr â chyllell fawr hir. Ond cyn y llwyddodd i gyflawni ei fwriad drwg, neidiodd y ci arno, ac wedi gafaelyd yn ei wddf, cadwodd ef ar lawr. Deffrôdd y boneddwr, a galwodd am gynorthwy. Rhedodd gweision y tŷ yno ar unwaith, a daliwyd yr adyn.

Gwelwyd mai un o'r gweision yn gweithio y tu allan ydoedd. Cyffesodd ei fod wedi gweled ei feistr yn derbyn swm mawr o arian, ac iddo ef a gwas arall gytuno a'u gilydd i'w ladd, ac yna yspeilio y tŷ.

Dywedodd yn mhellach, eu bod wedi gwneud y cynllwyn pan yn eistedd yn yr ystabl, a'r ci yn gorwedd wrth eu traed. Deallodd y ci fod rhyw ddrwg yn bygwth ei feistr, a mynodd gael aros gydag ef nes oedd y perygl wedi myned heibio.

GEIR-LECHRES (Vocabulary).

ADWAENEM, we knew.
ADYN, wretch, bad man.
BONEDDWR, gentleman.

BWGWTH, to threaten.
BWRIAD, intention.
BYGYTHIOL, threatening.
CADWYNO, to chain.
CANLYN, to follow.
CANOL NOS, midnight.
CRWYDRO, to wander.
CYFLAWNI, to carry out, to fulfil.

CYFFESU, to confess.
CYLLELL, knife.
CYNLLWYN, plot, scheme.
CYNORTHWY, help.
CYTUNO, agree.
DALIWYD, was caught.
DANEDD, teeth.
DERBYN, receive.

DICHONADWY, possible.
DYMUNO, to wish, to desire.
EI ADAEL YN LLONYDD, to leave him alone.
ELAI, he went.
GWYLIADWRUS, watchful.
HIR, long.
MAI, that.
MAINTIOLI, size.
MAN, place.
MORWYN, servant-girl.
MYNODD, he would have, he insisted on.
PERYGL, danger.
TRYWANU, to pierce, stab.
TU ALLAN, outside.
YMA AC ACW, here and there.
YN MHELLACH, further.
YN YSTOD, during.
YSPEILIO, to rob.

17. – Cyfaill yr Adar Bach.

YR oedd hen ŵr yn byw yn Sir Aberteifi, yr hwn oedd yn hoff iawn o bob math o adar bach gwylltion. Y flwyddyn olaf y bu byw llwyddodd i gael Robyn bach i fod yn gyfaill iddo.

Yr oedd y gauaf y flwyddyn hono yn oer iawn, a gorchuddiwyd yr holl wlad am lawer o wythnosau gan cira mawr nas gwelwyd ei fath er ys llawer blwyddyn. Arferai y dyn caredig hwn ddwyn briwsion allan bob boreu, a'u gosod ar ben clawdd yn agos i'r tŷ; ac yno y deuai y Robyn i'w bwyta.

Mewn canlyniad daeth y ddau yn gyfeillgar iawn, a chymaint oedd ymddiried yr aderyn yn y dyn, fel y disgynai yn ddi-ofn i fwyta briwsionyn oddi ar ei law. Cyn bod y gauaf drosodd, cymerwyd yr hen ŵr yn glaf, ac yn mhen deuddydd bu farw.

Yn ol ei arfer talodd y Robyn ei ymweliad boreuol â phen y clawdd dranoeth wedi i'w gymwynaswr gael ei gymeryd yn glaf; ond ni chafodd yno ddim un briwsionyn.

Ar ddydd y gladdedigaeth ymgasglodd tyrfa luosog ynghyd i hebrwng gweddillion eu hen gymydog tyner a thwym-galon i'w gartref olaf. Daeth y Robyn yno hefyd, ac er syndod i bawb, canlynodd yr angladd yr holl ffordd o'r tŷ i'r fynwent, er fod hyny dros filltir a haner o ffordd.

Wrth y bedd sylwodd y bobl fod yr aderyn bach yn ehedeg yn ol ac ymlaen oddi amgylch i'r arch. Cauwyd y bedd i fyny, a dychwelodd pawb i'w cartrefi; ond yr olaf i adael y fynwent y prydnawn hwnw oedd y Robyn bach ffyddlon.

GEIR-LECHRES (Vocabulary).

ABERTEIFI, Cardigan.
ANGLADD, funeral.
ARCH, coffin.
BEDD, grave.
BRIWSION, crumbs.
CARTREF, home.
CLADDEDIGAETH, burial, funeral.
CLAF, sick, ill.
CLAWDD, fence, wall.
CYMWYNASWR, one who acts kindly, benefactor.
CYMYDOG, neighbour.
DEUDDYDD, two days.
DI-OFN, without fear.
DISGYN, descend, come down.
EHEDEG, fly.
EIRA, snow.
FFYDDLON, faithful.
GAUAF, winter.
GORCHUDDIWYD, was covered.
GWEDDILLION, remains.
GWLAD, country.
GWR, a man.
GWYLLTION, wild.
HANER, half.
HEBRWNG, to go with, accompany
LLUOSOG, large in number.
MILLTIR, mile.
MYNWENT, graveyard.
OER, cold.
OLAF, last.
TALODD, paid.
TWYMGALON, warmhearted.
TYNER, kind, tender.
TYRFA, crowd.
WYTHNOS, week.
YMDDIRIED, trust.
YMGASGLODD, collected, gathered

18.—Dialedd Elephant.

YR oedd swyddog yn y fyddin Frytanaidd yn yr India yn berchen ar elephant bychan. Er ei fod yn ieuanc, yr oedd yr elephant wedi cael ei addysgu yn dda gan y gwas oedd yn gofalu am dano. Bob dydd ar ol ciniaw, byddai yr elephant yn dod i'r ystafell lle yr oedd y swyddog a'i deulu yn eistedd. Cerddai yr elephant oddi

CAWRFIL (ELEPHANT).

amgylch i'r bwrdd, a safai tu cefn i gadair pob un nes y rhoddid iddo rywbeth i'w fwyta, megis ffrwythau, teisenau (cacenau), neu felusion.

Un diwrnod digwyddodd fod dyn o dymer ddrwg wedi ei wahodd i giniawa. Pan ddaeth yr elephant bach oddi amgylch fel arfer, yn lle rhoddi rhywbeth iddo, pigodd y dyn y creadur â fforch. Tynodd yr elephant ei drwnc yn ol ar unwaith, ac aeth yn mlaen at y nesaf.

Aeth allan o'r ystafell mewn ychydig amser, ond dychwelodd cyn hir gyda changen fechan yn llawn dail yn ei drwnc.

Cerddodd yr elephant yn mlaen at y dyn oedd wedi ei gamdrin, a tharawodd ef ar ei ben a'r gangen. Gwelodd y bobl oedd yno fod dail y gangen wedi eu gorchuddio gan forgrug, ac fel yr oedd yr elephant yn ysgwyd y dail, yr oedd y morgrug yn syrthio ar y dyn, nes o'r diwedd yr oedd canoedd o honynt i'w gweled yn rhedeg drosto.

Er fod y gosp yn drom, yr oedd pawb yn meddwl fod y dyn yn ei haeddu, o herwydd iddo ymddwyn mor greulon at greadur diniwed.

GEIR-LECHRES (Vocabulary).

BRYTANAIDD, British.
BYDDIN, army.
CACEN, cake.
CAMDRIN, ill-use.
CINIAWA, to dine.
COSP, punishment.
CREULON, cruel.
DAIL, leaves.
DIALEDD, revenge.
DROSTO, over him.
FFORCH, fork.
FFRWYTH, fruit.
GORCHUDDIO, to cover.
GWAHODD, to invite.

HAEDDU, to deserve.
IEUANC, young.
MELUSION, sweets.
MORGRUG, ants.
O HERWYDD, because.
SWYDDOG, officer.
TARAWODD, he struck.
TEISEN, cake.
TRWM, TROM, heavy.
TRWNC, trunk.
TYMER, temper.
TYNODD, he drew.
YSGWYD, to shake.

19.—Y ddau Gi.

YR oedd boneddiges yn byw mewn pentref yn Lloegr yn berchen ci o'r enw Dando. Yn yr un pentref yr oedd ci arall yn perthyn i foneddwr; ac yr oedd y ddau gi yn gyfeillgar iawn â'u gilydd. Un diwrnod yr oedd llawer o gynhwrf yn y pentref yn nglŷn âg etholiad seneddol. Cyn i Dando fyned allan y boreu hwnw gyda'i feistres, cylymodd y forwyn ruban glâs am ei wddf. Yn mhen ychydig amser gwnaeth y boneddwr ei ymddangosiad, ac yr oedd gan ei gi ef ruban melyn am ei wddf. Ar unwaith yn ddiarwybod i'w perchenogion, neidiodd y ddau gi at eu gilydd i ymladd, er nad oeddent wedi ymladd erioed o'r blaen. Ymgasglodd torf o bobl oddi amgylch iddynt, a gwelwyd yn fuan fod Dando yn ymdrechu, nid i wneud drwg i'r ci arall, ond yn hytrach i gael meddiant o'i ruban. Ar ol llawer o lusgo a brathu, llwyddodd Dando i ddatod y ruban oddi am wddf ei wrthwynebydd. Wedi iddo ei gael, ni thalodd un math o sylw i'r ci arall. Rhedodd trwy y pentref â'r ruban yn ei safn fel arwydd o'i fuddugoliaeth.

GEIR-LECHRES (Vocabulary).

ARWYDD, sign.
BONEDDIGES, lady.
BRATHU, to bite.
BUDDUGOLIAETH, victory.
CYFEILLGAR, friendly.
CYLYMU, to tie.
CYNHWRF, stir, noise.
DATOD, to untie, loosen.
DIARWYBOD, unknown.
ERIOED, ever.
ETHOLIAD, election.
EU GILYDD, each other.
GLAS, blue.
GWNEUD DRWG, to do harm, injure.

GWRTHWYNEBYDD, opponent.
YN HYTRACH, rather.
LLOEGR, England.
LLUSGO, to drag about.
MEDDIANT, possession.
MELYN, yellow.
PERTHYN, to belong.
RUBAN, ribbon.
SENEDDOL, parliamentary.
YMDRECHU, to try, to endeavour.
YMDDANGOSIAD, appearance.
YMLADD, to fight.
YN NGLYN AG, in connection with

20.—Y Foneddiges a'r Ci Cynddeiriog

UN prydnawn hyfryd yn yr hâf, yr oedd boneddiges yn eistedd ar y lawnt o flaen ei thŷ. Yr oedd ei phlant yno gyda hi yn difyru eu hunain trwy redeg ar ol eu gilydd. Tynwyd ei sylw wrth glywed trwst mawr ar y ffordd gerllaw i'r tŷ. Pan aeth i edrych beth oedd yno, gwelodd dri dyn gyda ffyn yn eu dwylaw yn rhedeg ar ol ci cynddeiriog. Yr oedd y creadur gwyllt yn rhedeg yn mlaen yn union at dŷ y foneddiges. Gwelodd y wraig fod y llidiart yn agored, ac ni ellid ei gau mewn pryd i rwystro y ci i ddyfod i'r lawnt.

Yn lle gwaeddi a rhuthro i ryw le yn ddifeddwl, meddianodd y foneddiges ei hun yn rhagorol. Dywedodd wrth y plant am sefyll o'r naill du mewn man neillduol, ac yna parotôdd ei hun i gyfarfod y creadur dychrynllyd.

Pan redodd y ci ati, derbyniodd ef yn wrol, a phlygodd ei gwisg o wlanen dew o amgylch i'w ben. Yna gafaelodd yn ei ben, a daliodd â'i holl nerth, fel nad allai y creadur ddianc. Daeth y dynion i fyny yn ddioed, a lladdwyd y ci heb fawr drafferth.

GEIR-LECHRES (Vocabulary).

CYFARFOD, to meet.
DIFEDDWL, without thinking.
DIFYRU, to amuse.
DIOED, at once.
DYCHRYNLLYD, dreadful.
FFON, FFYN, staff, staves.
GWAEDDI, to shout, to scream.
GWISG, dress.
GWLANEN, flannel.
GWROL, brave.
YN WROL, bravely.
GWYLLT, wild.
HYFRYD, beautiful.
LAWNT, lawn, green.

LLIDIART, gate.
MEDDIANU, to possess.
NAILL DU, one side.
NERTH, strength, might.
PAROTODD, prepared.
PLYGU, to fold, wrap.
PRYDNAWN, afternoon.
RHAGOROL, well.
RHWYSTRO, to prevent, stop.
TEW, thick.
TRAFFERTH, trouble.
TRWST, noise.
UNION, straight.

21. – Dyfais Gywrain.

PETH amser yn ol yr oedd gwifrau y pellebyr wedi tori dan un o'r ystrydoedd (heolydd) yn Llundain. Gosodir y gwifrau hyn mewn pibellau bychain dan y ddaear, ac er dod o hyd i unrhyw ddiffyg ynddynt, y mae yn rhaid codi y pibellau, yr hyn sydd yn orchwyl lled gostus.

Ar yr achlysur hwn, meddyliodd un o'r gweithwyr y gallai gael y wifren trwy y pibellau heb eu codi. Daliwyd llygoden ffrengig, a chylymwyd un pen i wifren deneu wrth ei chorff. Yna gollyngwyd hi i fyned i mewn i'r bibell.

Rhedodd y lygoden yn gyflym trwy'r bibell, a phan ddaeth allan y pen arall, daliwyd hi gan un o'r gweithwyr. Yna tynwyd gwifr y *telegraph* gyda'r wifren deneu trwy'r bibell o'r naill ben i'r llall. Cafodd y lygoden ei bywyd am arbed cymaint o gôst i'r perchenogion.

GEIR-LECHRES Vocabulary.

ACHLYSUR, occasion.
ARBED, save.
BYWYD, life.
COSTUS, expensive.
CYWRAIN, clever, ingenious.

DAEAR, earth.
DIFFYG, fault.
DYFAIS, invention, device.
DYFOD O HYD, to get at.
GORCHWYL, work.

GOSOD, to place, fix.
GWEITHIWR, workman.
GWIFR, GWIFRAU, wire, wires.
LLUNDAIN, London.
LLYGODEN FFRENGIG, a rat, a French mouse.
PELLEBYR, telegraph.
PIBELL, pipe.
TENEU, thin.
TYNU, to draw.
YSTRYD (HEOL), street.

22.—Y Gornchwiglen.

PAN yr oedd boneddwr allan yn ei feusydd un boreu, daliodd ei gi gornchwiglen. Dygodd y ci hi at ei feistr, ac ymddangosai yr aderyn fel pe wedi marw. Pan oedd ar lawr, trôdd y boneddwr hi drosodd â'i droed; ac oedd yn meddwl oddi wrth ei hymddangosiad nad oedd dim bywyd ynddi.

Safodd yno yn llonydd am ychydig funudau, ac yna gwelai hi yn agoryd un llygad. Cododd hi i fyny, syrthiodd ei phen, yr oedd ei thraed yn hongian yn rhyddion, ac mor bell ag y gellid barnu oddi wrth arwyddion allanol, yr oedd yr aderyn yn hollol farw.

Yna rhoddodd hi yn ei boced, ac yn fuan teimlodd ei bod yn fyw, ac yn ymdrechu diengyd. Tynodd hi allan; yr oedd hi mor ddifywyd ag o'r blaen.

Gosododd hi ar y ddaear, ac aeth ymaith oddi wrthi ychydig o ffordd. Mewn llai na phum' munud cododd ei phen yn ochelgar iawn, ac edrychodd oddi amgylch; yna pan welodd nad oedd neb yn agos ati, diangodd ymaith gan ehedeg gyda chyflymdra mawr.

GEIR-LECHRES Vocabulary.

AGORYD, to open.
ALLANOL, outward.
ARWYDD, sign.
BARNU, to judge.
CORNCHWIGLEN, lapwing, peewit.
CYFLYMDRA, swiftness.
DIENGYD, to escape.
DIFYWYD, lifeless.
DROSODD, over.
HONGIAN, to hang.

YN HOLLOL, quite.
LLAWR, ground.
MEUSYDD, fields.
YN OCHELGAR, with care.
POCED, pocket.
SYRTHIO, to fall.
TEIMLO, to feel.
YMDRECHU, to try, endeavour.
YMDDANGOS, appear.

23.—Pont y Morgrug Cochion.

YR oedd cogydd yn cael ei flino yn fawr gan forgrug cochion oeddent yn difa y bwyd wedi iddo ei goginio. Wrth sylwi yn fanwl cafodd fod y morgrug yn dyfod allan ddwy waith yn y dydd i chwilio am fwyd,—yn y boreu oddeutu saith, ac am bedwar yn y prydnawn. Yr oedd y cogydd yn cadw y bwyd ar astell mewn pantri.

Un diwrnod dododd bastai ar yr astell, ac oddi amgylch iddi gwnaeth gylch o driagl. Yna safodd i sylwi beth ddeuai o'r bastai.

Ychydig cyn saith yn y boreu, dechreuodd y morgrug ymddangos ar yr astell. Rhifodd y dyn dros bum' cant yn cerdded yn rhesi fel milwyr, ac yn cyfeirio eu ffordd at y bwyd. Yr oedd eu harweinydd yn fwy o faintioli na'r lleill, ac yr oedd yn cerdded o'u blaen.

Pan ddaethant at y cylch triagl, safodd yr holl fyddin. Daeth oddeutu haner cant allan o'r rhengau i sefyll wrth ochr yr arweinydd; y rhai hyn yn ddiameu oeddent y swyddogion.

Cynaliwyd cynghor ganddynt, ac yna aethant i chwilio y cylch oedd yn eu rhwystro i fyned ymlaen. Ymddangosai fel pe bai rhyw ran neillduol o'r cylch wedi ei nodi i bob swyddog. Wedi chwilio yn fanwl, darganfyddwyd y man culaf ar y cylch triagl. Dechreuodd yr holl fyddin ymsymud tuag at y wàl, ac yn mhen ychydig funudau yr oeddent yn dwyn tameidiau bychain o galch o bob twll y gellid ei gael yn y mur. Yna dygwyd yr holl dameidiau at y man cul lle yr oedd y morgrug swyddogol yn sefyll. Dodwyd y cwbl ar y triagl, a bu y creaduriaid bach diwyd yn dwyn eu beichiau am bedair awr, nes o'r diwedd yr oeddent wedi gwneud pont o galch dros y triagl.

Yna ffurfiwyd yn rhesi fel ar y cyntaf, a cherddodd yr holl fyddin dros y bont. Yn fuan yr oedd pob morgrugyn yn mwynhau y bastai, yr hyn oedd yn wobr iddynt am eu llafur caled trwy y boreu.

GEIR-LECHRES (Vocabulary).

ARWEINYDD, leader.
BEICHIAU, loads.
BLINO, to trouble, annoy.
BWYD, food.
BYDDIN, army.
CALCH, lime.
CALED, hard.
COCH, red.
COGINIO, to cook.
COGYDD, a cook.
CULAF, narrowest.
CWBL, all, the whole.
CYNGHOR, a council.
CYFEIRIO, direct, take.
CYLCH, circle.
DARGANFYDDWYD, it was found out, discovered.
DIFA, waste, destroy.
DIWYD, busy, industrious.

DWY WAITH, twice.
FFURFIO, to form.
GWOBR, a reward.
LLAFUR, labour.
MANWL, careful.
YN FANWL, carefully.
MILWYR, soldiers.
MWYNHAU, to enjoy.
NODI, to mark, to fix.
PASTAI, pie.
PONT, bridge.
RHENGAU, ranks, rows.
RHESI, rows.
RHIFO, to reckon.
SWYDDOGOL, official.
TRIAGL, treacle.

YMSYMUD, to move.

24.—Yspeilio yr Yspeilwyr.

YN mhlith y llwythau sydd yn byw rhwng y mynyddoedd i'r gogledd o India, y mae llawer o ladron i'w cael. Yr oedd teithiwr, Hindŵ o ran cencdl, unwaith yn myned trwy y lleoedd peryglus hyny gyda llawer o berlau gwerthfawr yn ei feddiant. Dododd y dyn y perlau mewn hen glwtyn budr, a chylymodd hwnw am ei ben fel rhwymyn am friw.

Yna ymwisgodd mewn hen ddillad carpiog, a llwythodd ei asyn â thorthau o fara melus, o'r fath ag y mae y mynyddwyr hyn yn hoff o hono. Ond gofalodd ddodi tipyn o *opium* yn mhob torth.

Cyn ei fod wedi myned yn mhell, cyfarfyddodd a haner dwsin o yspeilwyr. Ni thalodd yr un o honynt lawer o sylw i'r teithiwr carpiog, gan mor wael oedd ei ymddangosiad. Ond cymerwyd y bara oedd ar gefn yr asyn, a bwytawyd ef gan y lladron.

Yn mhen ychydig amser gwnaeth yr *opium* iddynt oll gysgu. Yna cymerodd y teithiwr cyfrwys, yr holl arian oedd yn eu meddiant, a'r goreu o'r gwisgoedd, a diangodd ymaith i'w wlad ei hun. Ond gofalodd rhag teithio byth mwy ar hyd y ffordd hono.

GEIR-LECHRES (Vocabulary).

ARIAN, silver, money.
ASYN, donkey, ass.
BRIW, wound.
BUDR, dirty.
CARPIOG, ragged.
CEFN, back.
CENEDL, nation.
CLWTYN, a rag.
CYSGU, sleep.

DILLAD, clothes.
HINDW, Hindoo.
GOGLEDD, North.
GOREU, best.
GWAEL, poor.
GWERTHFAWR, valuable.
GWISGOEDD, dresses, clothes.
LLEIDR, LLADRON, thief, thieves.
LLEOEDD, places.

LLWYTHAU, tribes.
LLWYTHODD, loaded.
MATH, kind, sort.
MELUS, sweet.
MYNYDDWYR, mountaineers.
PERLAU, pearls.

RHWNG, between.
RHWYMYN, bandage.
TIPYN, a little, a small quantity.
TORTH, a loaf.
YSPEILIO, rob.
YSPEILWYR, robbers.

25.—Yr Ysgolfeistr a'r Bechgyn.

PAN oedd Dr. Tait yn brif athraw ysgol Rugby, un noswaith digwyddodd iddo gerdded o dan ffenestr rhai o'r ysgolheigion. Er ei syndod, gwelai raff yn hongian i lawr o honi. Yn ddifeddwl gafaelodd yn y rhaff, gan dynu wrthi yn lled galed.

Ar unwaith dechreuwyd dynu y rhaff i fyny; daliodd yntau ei afael ynddi; ac yn mhen ychydig yr oedd ei ben i mewn yn y ffenestr. Cyn gynted ag y gwelodd y bechgyn ei wyneb, yn eu dychryn gollyngasant y rhaff, a syrthiodd y prif athraw yn bendramwnwgl i'r llawr.

Yn ffodus ni dderbyniodd unrhyw niwed. Erbyn hyn, deallai yn dda bob peth ynghylch y rhaff. Yr oedd un o'r bechgyn wedi ei anfon allan i geisio rhywbeth i'r lleill; a phan dynodd y meistr y rhaff, tybiodd y bechgyn mai y negesydd oedd wedi dychwelyd.

GEIR-LECHRES Vocabulary).

CYN GYNTED AG, as soon as.
DEALLAI, he understood.
YN FFODUS, luckily.
GWYNEB, face.
YN LLED, rather.
NEGESYDD, messenger.
NIWED, hurt. injury.

PENDRAMWNWGL, headlong.
PRIF ATHRAW, head master.
RHAFF, a rope.
SYNDOD, surprise.
TYBIO, to think.
YSGOLFEISTR, schoolmaster.
YSGOLHEIGION, scholars.

26.—Y Llaw-Organydd Mud a Byddar.

YCHYDIG ddyddiau yn ol chwareuodd bechgyn mewn tref yn Lloegr dro gwael â hen ŵr oedd yn chwareu llaw-organ yn yr ystrydoedd. Yr oedd yr hen ŵr nid yn unig yn fud ac yn fyddar, ond yr oedd hefyd yn gloff.

Tynodd y bechgyn bin bychan allan o un o olwynion yr organ yn ddiarwybod i'r hen ŵr. Aeth ef yn ei flaen o dŷ i dŷ, ac o'r naill ystryd i'r llall gan droi ei organ gyda'r rhwyddineb mwyaf.

Synodd at swm mawr yr arian a roddwyd iddo y diwrnod hwnw. Yr oedd llawer yn rhoddi yn haelionus; nid oedd neb yn dweud wrtho am symud yn mlaen; ni ddanfonwyd cŵn ar ei ol; yr oedd pawb yn ymddangos mewn tymer da. Ni ddaeth i wybod yr achos o'i ffawd dda hyd yr hwyr, pan aeth i lanhau peiriant yr organ, ac i dynhau rhai o'r allweddau oeddent yn rhyddion.

Gwelodd beth oedd allan o le, a deallodd nad oedd *dim seiniau* yn dyfod o'r organ. Yn lle ymwylltio a galw enwau drwg ar y bechgyn direidus yn iaith y mud a'r byddar, cymerodd yr awgrym. Y mae yn awr yn myned allan bob dydd, ac y mae yn derbyn mwy o arian na neb arall sydd o'r un alwedigaeth ag ef yn y dref hono.

GEIR-LECHRES (Vocabulary).

ACHOS, cause.
ALLWEDD, key.
AWGRYM, hint.
BYDDAR, deaf.
CLOFF, lame.

CHWAREU, to play.
DIARWYBOD IDDO, unknown to him.
DIREIDUS, mischievous.
ENWAU, names.
FFAWD, luck.

GALWEDIGAETH, calling.
GLANHAU, to clean.
GWAEL, mean.
HAELIONUS, kind, generous.
HEFYD, also.
HWYR, evening.
IAITH, language.
LLAW-ORGAN, hand-organ.
MUD, dumb.
OLWYNION, wheels.

PEIRIANT, machine.
RHWYDDINEB, ease.
RHYDDION, loose.
SAIN, sound, tone.
SYNU, to surprise.
TREF, town.
TRO, trick, turn.
TYNHAU, to tighten.
YMWYLLTIO, to excite one's self.

27.—Y Llawrlen werthfawr.

DISTRYWIWYD llawrlen werthfawr yn San Francisco ychydig amser yn ol. Yr oedd y llawrlen hon wedi bod am bum' mlynedd yn un o ystafelloedd y bathdy, lle y gwneir arian. Yr oedd llwch y meteloedd gwerthfawr a ddefnyddiwyd i fathu yr arian wedi syrthio arni yn ddyddiol yn ystod y tymor hwnw.

Pan gymerwyd hi i fyny, fe'i torwyd yn dameidiau bychain, y rhai a losgwyd mewn padellau haiarn. Yna chwiliwyd y lludw yn fanwl, a thynwyd allan o'r gweddillion llosgedig aur ac arian gwerth pum' cant o bunoedd. Felly yr oedd y llawrlen yn fwy gwerthfawr ar ol blynyddoedd o wasanaeth, nag yr oedd pan yn newydd.

GEIR-LECHRES (Vocabulary)

AMSER, time.
BATHDY, a mint, a place to make or coin money.
BATHU, to coin money.
DEFNYDDIO, to use.
DISTRYWIWYD, was destroyed.
DYDDIOL, daily.
GWASANAETH, service.
GWEDDILLION, remains.
GWNEIR, is made.
HAIARN, iron.

LLAWRLEN, carpet.
LLOSGEDIG, burnt.
LLOSGI, to burn.
LLUDW, ashes.
LLWCH, dust.
METELOEDD, metals.
NEWYDD, new.
PADELLAU, pans.
TYMOR, time, season.
YN YSTOD, during.

28.—Nerth Milwr.

YR oedd y diweddar Cadben Burnaby yn enwog am ei nerth corphorol. Rai blynyddoedd yn ol yr oedd y gatrawd y perthynai iddi yn gwasanaethu yn Windsor, lle y mae Castell y Frenhines. Un prydnawn daeth dyn yno wrth orchymyn ei Mawrhydi, i ddangos iddi ddau ferlyn oedd yn hynod am fychander eu maintioli.

Cyn myned i fyny i'r Castell, dangosodd y perchenog y ceffylau bychain i swyddogion y fyddin. Meddyliodd un swyddog y gallent gael difyrwch mawr pe cymerid hwynt i fyny i ystafell Cadben Burnaby. Ar ol peth trafferth, llwyddwyd i gael y ceffylau i fyny y grisiau, ac aethant i mewn i'r ystafell lle yr oedd y Cadben yn eistedd.

Nid oedd ef yn disgwyl gweled y fath ymwelwyr dieithr y prydnawn hwnw; ac achosodd eu dyfodiad annisgwyliadwy ddigrifwch mawr i'r Cadben a'r swyddogion ereill.

Gan fod yr amser yn awr yn agoshau i gymeryd y ceffylau i'r Castell, aeth y swyddogion i'w gyru i lawr, ond er eu holl ymdrechion methwyd eu cael allan o'r ystafell. Yr oedd gofid eu perchenog yn fawr, am y gwyddai y byddai y Frenhines yn barod i'w dderbyn ef yn mhen ychydig funudau.

Terfynodd Cadben Burnaby y dyryswch ar unwaith. Cymerodd un ceffyl dan bob braich, a cherddodd i lawr y grisiau, yna dododd hwynt ar ganol y ffordd. Oddi yno gyrwyd y creaduriaid bychain i bresenoldeb ei Mawrhydi.

GEIR-LECHRES (Vocabulary).

AGOSHAU, to come near, approach.
ANNISGWYLIADWY, unexpected.
BRAICH, arm.
BRENHINES, Queen.
BYCHANDER, small size, littleness.
CANOL, middle, centre.
CASTELL, castle.
CATRAWD, regiment.
CORPHOROL, bodily.
DIWEDDAR, late.
DYFODIAD, coming.
DYRYSWCH, difficulty.
ENWOG, celebrated.
GOFID, trouble.

GORCHYMYN, order, commandment.
GORCHYMYNWYD, ordered, commanded.
GWASANAETHU, to serve.
GYRU, to drive.
HYNOD, remarkable.
MAWRHYDI, Majesty.
MERLYN, pony (male pony).
MERLEN, pony (female pony).
PAROD, ready.
PRESENOLDEB, presence.
TERFYNU, to end.
YMDRECHION, efforts.
YMWELWYR, visitors.

29.—Cosbi Cybydd.

YMDDANGOSODD hanes difyrus yn un o bapyrau Ffrainc am amgylchiad a ddigwyddodd mewn tref yn y wlad hono. Yr oedd yno ddyn yn byw, yr hwn oedd yn hen lanc, ac hefyd yn gybydd mawr. Er ei fod yn berchen ar lawer o gyfoeth, ni wariai ond ychydig iawn o arian i gadw ei dŷ yn lân ac yn daclus.

Un diwrnod rhoddwyd gorchymyn allan gan awdurdodau y dref fod pawb i lanhau eu simneiau. Enwyd diwrnod y buasai ymchwiliad cyffredinol yn cymeryd lle, a bygythid dirwy o pob un a wrthodai ufuddhau.

Gwyddai yr hen lanc cybyddlyd fod ganddo simnai fudr yn ei dŷ; ond yn lle rhoddi *franc* i'r ysgubwr, penderfynodd ei glanhau ei hunan. Dringodd i fyny iddi un boreu, ac ymwthiodd yn mlaen nes yr oedd yn ei chanol; yn y fan hono yr oedd y simnai yn culhau.

Ar ol cryn drafferth llwyddodd i wthio y rhan

COSBI CYBYDD.

Haenaf o'i gorff drwyddi, a gobeithiai y buasai y gweddill o hono yn canlyn. Ond siomwyd ef; nis gallai fyned yn mlaen nac yn ol.

Yn ei gyfyngder gwaeddai am gynorthwy, ond nid oedd neb o fewn cyrhaedd i'w glywed. Bu yno yn gwaeddi am oriau lawer, nes bu agos a llewygu gan ddiffyg nerth.

Wedi iddo fod ar goll am ddiwrnod cyfan, aeth rhai o'r cymydogion i chwilio am dano. Ni welwyd mo hono yn y tŷ, ond wrth glustfeinio clywyd llef wan fel pe yn dyfod o'r simnai.

Wedi iddynt ei ddarganfod, ceisiwyd ei ryddhau; ond gwelwyd nad oedd yn bosibl ei waredu ond drwy dori twll yn y mur. Danfonwyd am saer cerig i wneud y gwaith angenrheidiol, ac wedi i hwnw ei gael yn rhydd, cafodd y cybydd y fraint o dalu ugain *franc* iddo am ei waith, yn gystal a dioddef carchariad blin am oriau meithion.

GEIR-LECHRES (Vocabulary).

ANGENRHEIDIOL, necessary.
AMGYLCHIAD, event, circumstance.
AR GOLL, lost.
AWDURDODAU, authorities.
BRAINT, privilege.

BUDR, dirty.
BYGYTHID, it was threatened.
CANLYN, follow.
CARCHARIAD, imprisonment.
CLUSTFEINIO, to listen closely.
COSPI, to punish.
CYBYDD, miser.
CYBYDDLYD, miserly.
CYFAN, whole.
CYFOETH, riches.
CYFYNGDER, distress.
CYFFREDINOL, general.
CYMYDOG, neighbour.
CYNORTHWY, help.
CYRHAEDD, to reach.
CYSTAL, as well.

DIFFYG, want of, failure.
DIODDEF, to suffer.
DIRWYO, to fine.
DRINGO, to climb.
FRANC, a French coin, nearly tenpence in value.
GOBEITHIO, to hope.
GWAN, weak.
GWEDDILL, remainder.
GWRTHOD, refuse.
HEN LANC, old bachelor.
LLEWYGU, to faint.
MEITHION, long (plural).
PENDERFYNU, to determine.
RHYDDHAU, to free.
SAER CERIG, mason.
SIMNAI, chimney.
TACLUS, tidy.
YMCHWILIAD, a search.
YMWTHIO, to push himself.
YSGUBWR, chimney sweep.

30.—Y Bechgyn dewr.

YR oedd dyn tlawd yn byw yn Switzerland, yr hwn oedd wedi bod yn gorwedd yn glaf am hir amser. O herwydd ei dlodi, ni allai brynu y feddyginiaeth angenrheidiol er cael iachad. Clywodd ei ddau fab fod Sais cyfoethog oedd ar ymweliad â'r ardal yn cynyg arian mawr i bwy bynag a ddygai iddo ddau eryr ieuanc.

Nid oedd ond un nyth eryr yn yr holl gymydogaeth, ac yr oedd hwnw'ar ben craig anhygyrch. Nid oedd neb erioed wedi ceisio dringo i ben y graig hon, am yr ystyrid fod yn anmhosibl gwneud hyny.

Ond cymaint oedd awydd y bechgyn hyn i estyn cynorthwy i'w tad, fel y llwyddasant i orchfygu pob rhwystr, ac ar ol ymdrech galed, cyrhaeddasant ben y graig lle nad oedd yr un dyn wedi bod erioed cyn hyny.

Daliwyd yr adar ieuainc, a dygwyd hwynt yn ddiogel at y teithiwr Seisnig, yr hwn a wobrwyodd y bechgyn yn dda am eu gwroldeb.

* *hono* (South Wales.)

GEIR-LECHRES (Vocabulary).

ANHYGYRCH, inaccessible, what cannot be reached.
AWYDD, desire.
CRAIG, rock.
CYMYDOGAETH, neighbourhood.
CYNYG, offer.
DEWR, brave.
DYGAI, would bring.
ERYR, eagle.
ESTYN, to reach, to give.
GORCHFYGU, to overcome.
GWOBRWYO, to reward.
GWROLDEB, bravery.

IACHAD, cure, to be healed.
MEDDYGINIAETH, medicine.
O HERWYDD, because.
PWY BYNAG, whoever.
SAIS, Englishman.
SERTH, steep.
TEITHIWR, traveller.
TLAWD, poor.
TLODI, poverty.
YMWELIAD, visit.
YSTYRID, it was considered.

31.—Talu mewn Ffyrlingau.

DRO yn ol dirwywyd dyn yn Aberystwyth haner coron am feddwi, a chaniatâwyd iddo ychydig ddyddiau i gasglu yr arian. Beth wnaeth y gwalch ond casglu yr holl ffyrlingau allai gael hyd iddynt. Costiodd iddo gryn drafferth i'w cael gan na ddefnyddir ffyrlingau ond yn anaml yn y gymydogaeth. O'r chwe ugain gofynol llwyddodd i gael cant a phedair ar ddeg, gyda pha rai, ynghyda'r gweddill mewn dimeiau, y talodd y ddirwy. Ar y cyntaf gwrthodwyd hwy gan y swyddogion ; ond yn ol y gyfraith gellir talu unrhyw swm i fyny hyd goron mewn dimeiau neu ffyrlingau, ac felly bu raid iddynt eu cymeryd. Y maent yn awr mewn penbleth beth i wneud â hwy, a gobeithiant na fydd i'r esiampl hon gael ei dilyn gan ereill.

GEIR-LECHRES (Vocabulary).

ANAML, seldom, not often.
CANIATAU, to permit, allow.
CASGLU, to collect.
CORON, crown, five shillings.
CYFRAITH, law.
DEFNYDDIO, to use.
DIMAI, halfpenny.

ESIAMPL, example.
FFYRLING, a farthing.
GOFYNOL, asked for, required.
GWALCH, fellow, rogue.
MEDDWI, to get drunk.
PENBLETH, difficulty.
YCHYDIG, a few.

32.—Y Plant a'r Bleiddiaid.

YN Neheudir Ffrainc y mae Bleiddiaid yn aml yn dyfod at y tai yn y gauaf i chwilio am rywbeth i'w fwyta. Yr oedd gwraig weddw yn byw yn y parth hwnw o'r wlad, mewn bwthyn bychan unig, oddeutu milldir o'r pentref agosaf. Yr oedd ganddi ddau o blant,—merch ddeg oed, a mab chwech oed.

Y PLANT A'R BLEIDDIAID.

Un boreu wedi iddi fod yn pobi bara, parotôdd i fyned i'r pentref, gan adael y plant yn y tŷ. Rhoddodd orchymyn caeth iddynt i gadw drws y bwthyn yn nghau tra y byddai hi yn absenol, am fod Bleiddiaid wedi eu gweled yn yr ardal y dyddiau blaenorol. Addawodd y plant fod yn ufudd i'w mam. Ond cadwyd hi yn hirach yn y pentref nag yr oedd yn feddwl, a blinodd y plant aros yn y tŷ cyhyd o amser.

Agorodd un o honynt y drws, a thra yr oedd yn agored, cerddodd Bleiddes fawr i mewn i'r tŷ, yn cael ei dilyn gan dri o genawon. Cawsant eu tynu yno gan arogl y bara newydd. Ceisiodd y ferch fach yru y bwystfilod allan gyda ffon, ond yn ofer.

Tarawodd un cenaw ei brawd i'r llawr, ac er mwyn ei gadw rhag niwed, gwthiodd ei chwaer ef i gwpbwrdd yn y cornel, a chauodd y drws arno. Tra yr oedd hi yn gwneud hyn, neidiodd yr hen Fleiddes ar ei chefn, ac wedi ei thynu i'r llawr, lladdodd hi.

Yr oedd y bachgen bach yn ddiogel yn y cwpbwrdd, ond yr oedd gormod o ddychryn arno i ddyfod allan. Pan ddychwelodd y fam yn y prydnawn, dyna yr olygfa ddychrynllyd oedd yn ei haros. Cafwyd y bachgen bach yn y cwpbwrdd; tyfodd i fyny yn ddyn, a bu fyw nes oedd yn hen ŵr, ond ni anghofiodd y chwaer ffyddlawn, yr hon a aberthodd ei bywyd ei hun i'w achub ef.

GEIR-LECHRES (Vocabulary).

ABERTHU, to sacrifice.
ABSENOL, absent.
ACHUB, to save.
ADDAW, to promise.
ANGHOFIO, to forget.
AROGL, smell.
BLAENOROL, preceding.

BLAIDD, BLEIDDIAID, wolf, wolves.
BLEIDDES, she-wolf.
BWTHYN, cottage.
CAETH, strict.
CENAW, CENAWON, cub, cubs.
CWPBWRDD, cupboard.
CYHYD, so long.

DEHEULIR, South.
DIOGEL, safe.
GORMOD, too much.
GWEDDW, widow.
YN OFER, in vain.

PARTH, part.
POBI, bake.
RHYWBETH, something.
TARAWODD, struck.
UNIG, lonely.

33.—Y Cwpan Arian.

YR oedd Gwladys yn ferch i fasnachwr cyfoethog, yr hwn oedd yn byw yn un o drefydd poblog canolbarth Lloegr. Pan oedd yn saith oed, ar ddydd ei phen blwydd, rhoddodd ei rhieni iddi gwpan arian gyda'i henw wedi ei gerfio arno. Yr oedd yr eneth fach yn falch iawn o'i hanrheg, a chadwodd hi yn ei golwg trwy'r boreu.

Yn y prydnawn aeth ei mam i dalu ymweliad â'i brawd, yr hwn oedd yn berchen gweithfeydd fferyllol eang yn yr ardal. Cymerodd Gwladys gyda hi, ac ni adawyd y cwpan arian ar ol. Meddyliodd yr ewythr y byddai yn ddyddorol i Gwladys a'i mam weled ei weithwyr yn gweithio.

Wedi iddynt gerdded trwy y gweithfeydd, dan arweiniad yr ewythr, a sylwi ar yr hyn oedd yn cael ei wneud, tra yr oeddent yn sefyll mewn un man neillduol, digwyddodd i Gwladys fach golli ei gafael ar y cwpan arian. Syrthiodd yr anrheg hardd i gelwrn mawr yn cynwys rhyw wlybwr fferyllol. Yr oedd cryfder y gwlybwr mor fawr fel y toddodd yr arian ar unwaith, a diflanodd y cwpan o flaen llygaid yr eneth fach.

Pan welodd hi ddinystr y cwpan, dechreuodd lefain (crïo), fel pe byddai ei chalon fechan ar dori. Ymdrechodd ei hewythr ei chysuro, ond yn ofer, nes iddo ddweud wrthi y medrai ef adnewyddu y cwpan, ac y cai hi ef tua diwedd yr wythnos. Yna trôdd ei hewythr i ddweud ychydig eiriau wrth un o'r gweithwyr, a dychwelodd Gwladys gartref gyda'i mam; ond yr oedd yn isel iawn ei hyspryd.

Cafwyd yr arian toddedig allan o'r celwrn, a danfonwyd ef at y gôf arian i'w ail-wneud yn gwpan. Wedi ei orphen danfonwyd ef i Gwladys, a mawr oedd ei llawenydd wrth edrych ar y llestr oedd wedi ei adferu mewn ffordd mor hynod. Yr oedd ei henw a'r dyddiad wedi ei gerfio arno fel y tro cyntaf, ac hefyd y geiriau hyn :—

Collwyd a Chafwyd.

GEIR-LECHRES (Vocabulary).

ADFERU, to restore.
ADNEWYDDU, to renew.
AIL-WNEUD, re-made.
ANRHEG, present, gift.
ARWEINIAD, guidance.
CAFWYD, was found.
CALON, heart.
CANOLBARTH, centre.
CELWRN, large pail, vat.
CERFIO, to carve.
COLLWYD, was lost.
CRIO, to cry.
CWPAN, cup.
CYSURO, to comfort.
DIFLANU, disappear.
DINYSTR, destruction.
DIWEDD, end.
DYDD EI PHEN BLWYDD, birthday.
DYDDIAD, date.

DYDDOROL, interesting.
EANG, large, extensive.
EWYTHR, uncle.
FFERYLLOL, chemical.
GENETH, girl.
GOF-ARIAN, silversmith.
GOLWG, sight.
GWEITHFEYDD, works.
GWLYBWR, liquid.
HARDD, beautiful.
LLAWENYDD, joy.
LLEFAIN, to cry.
POBLOG, populous.
RHIENI, parents.
TODDEDIG, melted.
TODDI, to melt, dissolve.
WYTHNOS, week.
YSPRYD, spirit.

34.—Yr Arian-Nodau Colledig.

UN prydnawn yn y gauaf, pan oedd siopwr yn y Deheudir yn rhifo yr aur a'r arian yn ei siop, galwodd ei wraig arno i dd'od ati i'r tŷ yn ddioed.

Yn ddifeddwl aeth allan o'r siop, gan adael yr holl arian ar y bwrdd, Ni fu allan ond ychydig funudau, ond pan ddychwelodd sylwodd fod pedwar papyr pum punt ar goll. Nid oedd neb wedi bod yn y siop yn ei absenoldeb; ond er chwilio yn mhob man, methodd dd'od o hyd iddynt.

Efe oedd yn cadw llythyrdy y pentref, ac wedi iddo ddanfon y llythyrau ymaith, cauodd y siop, ac aeth at gyfaill i ddweud wrtho am ei golled.

Prydnawn dranoeth, pan yr oedd yn codi y llythyrau o'r blwch yn y ffenestr, gwelai yno dri neu bedwar o bapyrau wedi eu gwasgu yn dyn. Ni thalodd fawr sylw iddynt am fod plant bach y pentref yn aml yn taflu darnau o bapyr i'r blwch.

Wedi iddo osod y llythyrau o'r naill du, cododd y papyrau oedd ar waelod y blwch gan feddwl eu taflu allan. Yn ffodus digwyddodd iddo agor un o honynt. Neidiodd gan lawenydd pan welodd mai un o'r ariannodau colledig oedd yn ei law. Agorodd y lleill, a chafodd yr oll o'r nodau a gollwyd.

Yr oedd y papyrau wedi eu chwythu allan o'r siop i domen o ludw oedd ger llaw, ac yno y buont trwy'r nos. Dranoeth codwyd hwynt gan y plant bach, ac wedi iddynt eu llenwi â lludw, taflwyd hwynt i'r blwch llythyrau, lle y cafwyd hwynt ychydig oriau yn ddiweddarach gan eu perchenog.

Dywedodd yr hanes wrth ei gyfaill y noson hono gyda theimladau o orfoledd a diolchgarwch.

GEIR-LECHRES (Vocabulary).

ABSENOLDEB, absence.
ARIAN-NODAU, banknotes.
AUR, gold.
BLWCH, box.
COLLED, loss.
CYFAILL, friend.
CHWYTHU, to blow.
DIOED, at once.

DIOLCHGARWCH, thankfulness.
GAUAF, winter.
GORFOLEDD, rejoicing.
GWAELOD, bottom.
GWASGU, to squeeze. press.
LLENWI, to fill.
LLUDW, ashes.
LLYTHYRDY, post-office.
TEIMLADAU, feelings.
TOMEN O LUDW, ash-heap.
TRANOETH, next day.
TYN, tight.

35.—Brwydr y Plant.

YN y flwyddyn 1432 bu gwarchae mawr ar ddinas Hamburg gan fyddin gref. Parhaodd y rhyfel am rai blynyddoedd, a dioddefodd y dinasyddion lawer o galedi. Gan eu bod yn teimlo nad allent ddal allan lawer yn hwy, galwyd cynghor i ystyried beth fyddai oreu ei wneud. Ar ol llawer o siarad, cytunwyd ar gynllun i ddwyn y rhyfel i ben.

Casglwyd holl blant bach y ddinas at eu gilydd, a dodwyd hwynt i gerdded yn drefnus yn yr ystrydoedd. Yna agorwyd porth y ddinas, a dywedwyd wrthynt am fyned yn mlaen yn yr un drefn nes cyrhaedd y fyddin oedd y tu allan.

Yr oedd y milwyr oeddent wedi brwydro cyhyd yn erbyn y ddinas yn gorwedd mewn ffosydd i wylied cyfleusdra i ruthro i mewn i'r lle. Mawr oedd eu syndod pan welsant y porth yn agoryd, ac yn fwy fyth pan welsant y plant bach, oll wedi eu gwisgo mewn dillad gwynion, yn dyfod allan.

Pan glywsant sŵn cerddediad y fyddin fechan ar y ffordd galed, a phan ddynesodd y plant, er yn ofnus, at eu pebyll, dechreuodd llygaid y milwyr celyd lenwi o ddagrau. Darfyddodd pob teimlad o elyniaeth oedd yn eu calonau wrth edrych ar y plant diniwed, a thaflasant eu harfau i lawr.

Yr oedd yn y gymydogaeth hono lawer o goed ceiros yn llawn o ffrwyth addfed. Torodd y milwyr ganghenau wedi eu llwytho â cheiros i'w rhoddi i'r plant. Yna danfonwyd hwynt yn ol at eu rhieni pryderus gyda dymuniad am wneud heddwch.

GEIR-LECHRES (Vocabulary).

ADDFED, ripe.
ARFAU, arms.
BRWYDR, battle.
BRWYDRO, to fight.
CANGHENAU, branches.
CALEDI, hardship.
CASGLWYD, was collected.
CEIROS, S. W. }
CEIRIOS, N. W. } cherry, cherries.
CERDDEDIAD, tread.
CRYF, CREF, strong.
CYFLEUSDRA, opportunity.
CYNGHOR, council.
CYNLLUN, plan.
CYTUNO, agree.
DAGRAU, tears.
DAL ALLAN, to hold out.
DARFYDDODD, ended, died out.
DILLAD, clothes.
DINAS, city.

DINASYDDION, citizens.
DINIWED, innocent, harmless.
DYMUNIAD, desire, wish.
DYNESU, come near, approach.
FFOS, FFOSYDD, ditch, ditches.
GELYNIAETH, enmity.
GOREU, best.
GWARCHAE, siege.
GWYLIED, to watch.
HEDDWCH, peace.
YN HWY, longer.
I BEN, to an end.
PABELL, PEBYLL, tent, tents.
PORTH, gate.
PRYDERUS, anxious.
RHYFEL, war.
SYNDOD, surprise.
TEIMLO, to feel.
TREFN, order.
TREFNUS, in order, orderly.

36. Syr Walter Scott yn yr Ysgol.

PAN oeddwn yn llanc yn yr ysgol, yr oedd yno fachgen yn yr un dosparth yr hwn oedd bob amser yn mlaenaf ar bawb. Nis gallwn, er fy holl ymdrechion, gymeryd y lle anrhydeddus hwnw oddi arno. Un diwrnod sylwais ei fod yn gafaelyd â'i fysedd mewn botwm neillduol ar waelod ei wasgod bob tro y gofynid cwestiwn iddo. Dodais fy meddwl ar waith i gael allan ryw gynllun i symud y botwm hwn, gan feddwl y buasai yn dyrysu wedi iddo ei golli. Cefais gyfle mewn ychydig ddyddiau i wneud yr hyn a ddymunwn; torais y botwm i ffwrdd gyda chyllell fechan, a hyny yn ddiarwybod i'r bachgen. Wedi i mi gyflawni y fath dro gwael teimlais yn hynod anhapus; eto yr oeddwn yn awyddus i wybod beth fyddai y canlyniad. Dranoeth, pan ddaeth y bachgen i fyny i'w holi, chwiliodd â'i fysedd, yn ol ei arfer, am y botwm, ond nid oedd i'w gael. Gan nad oedd yn ei deimlo, edrychodd ar ei wasgod am dano. Pan welodd nad oedd y botwm yno, dyryswyd ef yn fawr, a methodd ateb y cwestiynau a ofynwyd iddo. Cymerais i ei le ef y diwrnod hwnw, ac ni fedrodd byth ar ol hyny ei adenill.

Er na chafodd ef allan pwy wnaeth y camwri hwn âg ef, yr wyf yn teimlo yn euog hyd heddyw pan y digwydd i mi ei weled yn y dref.

GEIR-LECHRES (Vocabulary).

ADENILL, regain.
ANHAPUS, unhappy.
ANRHYDEDDUS, honourable.
BOTWM, button.
BYS, BYSEDD, finger, fingers.
CAMWRI, wrong, injustice.
CYFLAWNI, to do, perform.
CYFLE, opportunity.

CYLLELL, knife.
DIGWYDD, happen.
DOSPARTH, class.
DYRYSWYD, was confused.
EUOG, guilty.
I FFWRDD, away, off.
YN MLAENAF AR BAWB, before every one.

37.—Yr Epa Meddw.

UN prydnawn trôdd dyn, yr hwn oedd yn berchen Epa (Mwnci) i mewn i dafarndy, ac yfodd yno yn lled drwm. Wrth ymadael gadawodd y dyn haner gwydraid (glasiad) o wirod ar y bwrdd; cymerodd Jaci, y mwnci, hwnw, ac yfodd ef.

YR EPA WEDI MEDDWL

Yn fuan dechreuodd y creadur lawenhau; neidiai, dawnsiai, a phranciai nes peri difyrwch mawr i'w feistr a'i gymdeithion. Penderfynodd y dyn ei feddwi dranoeth. Pan alwyd ef, daeth allan o'i orweddle yn bur araf, gan ddal ei law ar ei dalcen. Yr oedd yn amlwg fod cûr yn ei ben.

YR EPA.

Cynygiwyd diod i'r Epa, ond ni phrofai mo honi. "Yf, Jaci," meddai ei feistr; ond ni wnai; diangodd allan, a dringodd i ben y tŷ; galwodd ei feistr arno i ddyfod i lawr, ond ni ddeuai. Wedi iddo fethu drwy bob ymdrech ei gael i ddisgyn, cymerodd ei feistr ddryll (gŵn), ond er cymaint yr ofnai yr Epa yr arf hwnw, ni ddeuai i lawr, a rhedodd dros grib y tô i'r ochr arall.

Cymerodd cyfaill i'r meistr ddryll arall, a safodd gyferbyn â'r Epa. Gan fod dau ddryll yn awr yn cael eu hanelu at dô y tŷ, rhedodd y creadur am ddiogelwch i'r simnai, gan ymddal yno gerfydd ei ddwylaw.

Bu yr Epa hwn yn meddiant ei feistr am lawer o flynyddoedd ar ol hyn, ond ni chafwyd ganddo brofi diod feddwol byth wed'yn.

GEIR-LECHRES Vocabulary).

AMLWG, clear, plain.
ANELU, aim at.
ARF, weapon.
CRIB, crest, top.
CUR, pain.
CYFERBYN, opposite.

CYMDEITHION, companions.
CYNYGIWYD, was offered.
DIOD, beer, drink.
DIODFEDDWOL, intoxicating drink.
DIOGELWCH, safety.
DISGYN, descend, come down.
DRYLL, gun—*fem* S.W.; *mas.* N.W.
EPA, monkey.
GLASIAD, a glassful.
GORWEDDLE, sleeping place.

GWIROD, spirituous liquor.
GWYDRAID, a glassful.
LLAWENHAU, to rejoice.
MEDDWI, to get drunk.
PRANCIO, to play, prank about.
PROFI, to taste.
TAFARNDY, public-house, inn.
TALCEN, forehead.
TO, roof.
YFODD, he drank.

38.—Yr Arluniwr a'r Ci.

YR oedd gan foneddiges Gi mawr, ac yr oedd hi yn awyddus i gael ei lûn. Cymerodd ef at Arluniwr yn y dref, ond pan osodwyd ef i sefyll mewn ffordd neillduol, yr oedd yn troi ymaith ac yn neidio oddi ar y bwrdd. Wedi gwneud llawer cynyg i'w gael i sefyll, ond yn methu bob tro, digiodd y foneddiges wrth y Ci, a dywedodd wrtho, "Dos adref, yr hen greadur câs, paid d'od i fy ngolwg i eto."

Rhedodd y Ci allan, a'i gynffon rhwng ei goesau, ac ni welodd ei feistres ef y diwrnod hwnw wed'yn.

Dranoeth pan ddaeth yr Arluniwr at ei siop, oddeutu wyth o'r gloch yn y boreu, gwelodd y Ci yn eistedd ar drothwy y drws. Wedi iddo ei agor, rhedodd y Ci i fyny y grisiau, ac eisteddodd yn eithaf llonydd ar y bwrdd lle y ceisiwyd ganddo eistedd y diwrnod blaenorol.

Cymerodd y dyn ei lûn, ac arosodd y Ci yno tra y bu yn gwneud copïau o hono. Wedi iddo orphen y lluniau, gosododd hwynt mewn papyr, a chylymodd y pecyn wrth wddf y Ci. Rhedodd y creadur adref, a phan gyrhaeddodd y tŷ, gwelodd y foneddiges ei fod wedi deall beth oedd hi eisieu iddo wneud y diwrnod blaenorol.

GEIR-LECHRES (Vocabulary).

ADREF, home.
ARLUNIWR, artist.
AROSODD, stayed.
CAS, nasty.
CERDD, go.
COPIAU, copies.
CYNYG, attempt.
DIGIODD, became angry, vexed.

YN EITHAF, quite.
GORPHEN, to finish.
LLONYDD, still.
LLUN, picture.
PECYN, packet.
TROTHWY, doorstep, threshold.
WED'YN, afterwards.

39.—Cof Ci.

YR oedd boneddwr yn Lloegr yn berchen Ci ardderchog, yr hwn oedd yn hoff iawn o'i feistr. Gorfu i'r boneddwr ymadael a'r wlad hon am beth amser, a rhoddodd y Ci i gyfaill i'w gadw nes y dychwelai.

Y CI.

Bu yn absenol am oddeutu dwy flynedd, a'r diwrnod y dychwelodd i dŷ ei gyfaill yr oedd yn hwyr ar y nos, ac am hyny nid allai gael gweled y Ci. Boreu dranoeth deffrôwyd y boneddwr drwy i'r Ci neidio ato i'r gwely; a dangosodd bob math o lawenydd wrth weled ei hen feistr unwaith eto.

Gofynodd y boneddwr i'r gwas a ddygodd y dwfr eillio iddo, "Pa fodd y daeth y Ci i wybod fy mod wedi cyrhaedd yma?" "Y mae yn un o'r pethau rhyfeddaf a welais i erioed," atebodd y dyn. "Pan oeddwn yn glanhau eich esgidiau, adnabyddodd y Ci hwynt ar unwaith. Gwelais ei fod wedi ei gynhyrfu yn hynod; ac ni pheidiodd a neidio a chyfarth hyd nes y gorphenais eu glanhau. Yna dilynodd fi i fyny y grisiau at ddrws eich ystafell."

GEIR-LECHRES (Vocabulary).

ARDDERCHOG. splendid, fine.
COF, memory.
CYFARTH, to bark.
CYNHYRFU, to move, stir up.
DEFFRO, awake.
DYCHWELYD, to return.
EILLIO, shaving.

ESGIDIAU, shoes.
GOFYN, to ask.

GORFU, he was obliged.
GWELY, bed.
GWYBOD, to know.
HOFF IAWN, very fond.
HWYR, late.
PEIDIO, to stop, to cease.
NI PHEIDIODD A NEIDIO, he did not cease to jump.
YMADAEL, to leave.

40.—Y Ferch Wrol.

YR oedd merch ddeuddeg oed wedi neillduo un noswaith i'w hystafell i orphwys. Wedi iddi gau y drws, gwelodd draed dyn dan y gwely. Yn lle gwaeddi ac ysgrechian, a thrwy hyny beryglu ei bywyd, cerddodd yn mlaen at y bwrdd ymolchi, fel pe heb sylwi fod rhyw un yno. Yna dywedodd yn uchel, "Welais i neb yn debyg i Mari, y forwyn, y mae hi bob dydd yn anghofio rhoddi dŵr i mi i ymolchi."

Yna trôdd, ac aeth allan o'r ystafell gan dynu y drws ar ei hol yn galed, fel pe buasai mewn tymer (natur) ddrwg am fod y forwyn mor esgeulus. Cyn gynted ag yr oedd hi allan, brysiodd i lawr y grisiau, a hysbysodd i'r teulu beth oedd wedi ei weled. Daliwyd y lleidr heb fawr drafferth.

GEIR-LECHRES (Vocabulary)

ANGHOFIO, to forget.
BRYSIO, to hasten.
DWRDD YMOLCHI, wash-stand.
BYWYD, life.
ESGEULUS, careless, negligent.
GORPHWYS, rest.
HYSBYSODD, informed.

LLEIDR, thief.
NEILLDUO, retire.
PERYGLU, to put in danger, endanger.
TEULU, family.
TYNU, to draw.
YSGRECHIAN, to scream.

41.—"Cough Candy."

YCHYDIG flynyddoedd yn ol yr oedd dyn bychan o ran corff, yr hwn a lysenwid *Cough Candy*, yn byw yn Nghaerdydd. Dodwyd yr enw hwnw arno am ei fod yn gwerthu melusion at wella peswch.

Yr oedd *Cough Candy* yn enwog am ei ffraethineb; ac os byddai i ryw un ddweud unrhyw beth nad oedd yn ddymunol ganddo, byddai yn sicr o roddi ateb a wnai ei ymosodwr yn destyn gwawd i'r rhai fyddai yn bresenol ar y pryd.

Un tro aeth i mewn i *hotel*, a galwodd am dê a chîg. Pan ddygwyd y bwyd i'r bwrdd, gwelodd *Cough Candy* fod y cîg wedi ei dori yn deneu iawn, ac nad oedd rhyw lawer o hono ar y plât. Yr oedd ffenestr yr ystafell yn digwydd bod yn agored ar y pryd, ac awel ddymunol yn chwythu i mewn. Dododd *Cough Candy* ei ddwy law wrth eu gilydd dros y cîg, a galwodd ar y forwyn i frysio i gau y ffenestr.

Wedi iddi wneud hyny, gofynodd y ferch iddo beth oedd y mater. "Y mae awel lled gref," meddai *Cough Candy*, "yn chwythu, ac yr oeddwn yn dymuno arnoch gau y ffenestr rhag ofn i'r awel ddwyn ymaith y cîg." Chwarddodd pawb yn yr ystafell, a rhedodd y forwyn i geisio ychwaneg o gîg i'r achwynwr ffraeth.

GEIR-LECHRES (Vocabulary).

ACHWYNWR, a complainer, a grumbler.
ATEB, answer.
AWEL, breeze.
CIG, meat.
CORFF. body.
DYMUNOL, pleasant.
FFRAETH, witty.
FFRAETHINEB, wit.
GALW, to call.
GWAWD, mockery.
GWELLA, to mend, cure.

GWERTHU, sell.
LLED GREF, rather strong.
LLYSENWI, to nickname.
PESWCH, cough.
SICR, certain, sure.
TENEU, thin.
TESTYN, subject.
TESTYN GWAWD, a laughing stock
YCHWANEG, more.
YMOSODWR, one who attacks, assailant.

42.—Gweithio a'i ben.

CYN y rhyfel diweddar yn America yr oedd gan ddyn yn y Taleithau Deheuol fachgen dû yn gaethwas. Yr oedd y meistr yn hoffi y Negro bach, ond pan y byddai yn troseddu, ysgrifenai y meistr nodyn, a rhoddai ef i'r bachgen i'w ddwyn at arolygwr y gwaith. Yn y nodyn gorchymynai y meistr i'r arolygwr roddi curfa fechan i'r bachgen. Sylwodd hwnw beth oedd yn canlyn bob tro y rhoddid papyr iddo.

Un diwrnod pan yr oedd ei feistr mewn tymer dda, gofynodd y bachgen iddo beth oedd ar y papyr. Atebodd yntau, "Y mae y papyr yn dweud wrth yr

Arolygwr eich bod yn ddiog, ac yn esgeuluso eich gwaith." "Ond, meistr," meddai'r bachgen, "nid wyf byth yn eich gweled chwi yn gweithio." "Nid wyf fi yn gweithio â fy nwylaw, yn ddiameu," meddai y meistr, "ond yr wyf yn gweithio â fy mhen, yr hyn sydd lawer fwy anhawdd."

Y tro nesaf y danfonwyd y bachgen gyda nodyn, taflodd ef i'r tân. Gofynodd ei feistr iddo pan ei gwelodd beth ddywedodd yr arolygwr. "Nis gwn i," meddai'r bachgen dû, gan edrych yn lled gyfrwys ar ei feistr, "ni fum i gydag ef; fe weithiais inau â fy mhen y tro hwn."

GEIR-LECHRES (Vocabulary).

AROLYGWR, overseer.
CAETHWAS, a (man) slave.
CURFA, a beating.
DIOG, lazy.
ESGEULUSO, to neglect.
GWEITHIO, to work.

NI FUM I GYDAG EF, I have not been with him.
NIS GWN I, I do not know.
NODYN, a note.
TROSEDDU, to do wrong, to transgress.
YSGRIFENAI, he would write.

43.—Gwybod Gormod.

YR oedd Dafydd wedi bod oddi cartref yn yr ysgol am dri mis. Pan ddychwelodd amser gwyliau y Nadolig, yr oedd arno awydd dangos ei wybodaeth i'w rïeni.

Un prydnawn pan oedd yn eistedd gyda'i dad a'i fam yn y parlwr, gofynodd Dafydd i'w dad, "Pa sawl afal sydd ar y bwrdd?" "Dau," ebai y tad, gan droi i edrych ar ddau afal mawr oedd ar ganol y bwrdd.

"Dau!" ebai'r bachgen, "y mae yna dri, ac mi a brofaf hyny."

"Tri!" meddai'r tad, yr hwn oedd yn hen ŵr syml, ac yn cymeryd pethau fel yr oeddent, "carwn glywed y prawf."

"Y mae hyny yn eithaf rhwydd. Dyna un," meddai'r bachgen, gan osod ei fys ar yr afal nesaf ato.

"O'r goreu," meddai'r tad, " dos yn mlaen."

"Dyna ddau," dywedai'r bachgen yn mhellach, gan gyfeirio at y ddau afal, " ac onid yw *un* a *dau* yn gwneud *tri?*"

"Mewn gwirionedd," atebodd y tad gan edrych ar ei wraig, yr hon oedd yn synu at y rhesymau cywrain a roddid gan ei mab, " y mae y bachgen yn llawn gwybodaeth a challineb, ac yn haeddu ei galonogi. Yn awr, cymerwch chwi un afal, cymeraf finau yr ail, a chaiff Dafydd y trydydd afal yn anrheg am ei wybodaeth a'i ddysg!"

GEIR-LECHRES (Vocabulary).

CALONOGI, encourage.
CALLINEB, sagacity, cleverness.
CYFEIRIO, to point.
CYWRAIN, curious, clever.
DYSG, learning.
GWIRIONEDD, truth.
GWYBODAETH, knowledge.
GWYLIAU, holidays.
HAEDDU, to deserve.
NADOLIG, Christmas.

ODDI CARTREF, from home.
O'R GOREU, very well.
PA SAWL, how many.
PARLWR, parlour.
PRAWF, proof.
PROFAF, I will prove.
RHESYMAU, reasons.
SYML, simple, plain.
YN MHELLACH, further, again.

44.—Dysgu Cyfansoddi Saesneg.

YR oedd athraw un prydnawn yn rhoddi gwers i ddosparth pa fodd i gyfansoddi brawddegau Seisnig. Dywedodd fel y canlyn:—

"Os gofynaf i chwi, 'Beth sydd genyf yn fy llaw?' ni ddylech ateb 'Llyfr,' ond gwnewch frawddeg gyfan fel hon—'Y mae genych lyfr yn eich llaw.' Yn awr ni a awn yn mlaen. Beth sydd genyf ar fy nhraed?"

"Esgidiau," atebodd un bachgen ar unwaith heb ystyried.

"Na, na, nid wyt ti wedi sylwi ar y cyfarwyddyd a roddais," ebe'r athraw.

"Hosanau," meddai un arall yn hollol ddifeddwl.

"Y mae yr atebiad yna mor ddisynwyr a'r cyntaf," meddai'r athraw, gan edrych dipyn yn ddigllawn wrth weled fod y bechgyn yn talu ond ychydig o sylw i'r wers.

Yna edrychodd yn graff ar y dosparth, a gwelodd fod un bachgen, y lleiaf o honynt, yn gwneud arwydd i ddangos ei fod yn gwybod yr ateb priodol.

"Yn awr, fy machgen i," meddai y meistr wrtho, "ateb yn uchel fel y medro pawb dy glywed."

"Os gwelwch yn dda, Syr," yna safodd y bachgen fel pe yn ameu a ddylai roddi y gweddill o'i atebiad. Wedi i'r athraw amneidio yn galonogol arno i fyned yn mlaen, ni ddywedodd y bachgen ond yr un gair, "Cyrn."

GEIR-LECHRES (Vocabulary).

AMNEIDIO, to make a sign, to beckon.
ATEBIAD, answer.
BRAWDDEG, sentence.
CRAFF, keen, sharp.
CYFANSODDI, to compose.
CYFARWYDDYD, instruction.
CYNTAF, first.
CYRN, corns (on the foot).
DIGLLAWN, angry.
DISYNWYR, senseless, foolish.
DYSGU, to learn.
FEL Y CANLYN, as follows.
GWERS, lesson.
HOSAN, stocking.
LLEIAF, smallest, least.
PA FODD, how.
PRIODOL, proper.
SEISNIG, English.
Y MAE GENYCH, you have.
YN UCHEL, loud.
YSTYRIED, to consider.

45.—Y Cerbydwr balch.

YR oedd unwaith Esgob yn Lloegr, yr hwn oedd yn enwog am ei barodrwydd ymadrodd. Un diwrnod pan nad oedd neb arall o'r gweision yn y plâs ond y cerbydwr, gorchymynodd i hwnw gyrchu dwfr iddo o'r ffynon.

Ond yr oedd y cerbydwr yn anfoddlawn i wneud y fath orchwyl. Dywedodd wrth ei feistr mewn tôn rwgnachlyd mai ei waith ef oedd gyru y cerbyd, ac nid myned yma ac acw i wneud rhyw fân negeseuau.

"Gwir a ddywedwch," ebe'r Esgob, "ac yn awr y mae arnaf eisieu i chwi i ddwyn y cerbyd at y drws gyda phedwar ceffyl." Hyny a wnaed.

"Yn nesaf," meddai ei Arglwyddiaeth, "rhoddwch ddwy ystên ddwfr (piser) yn y cerbyd, a gyrwch i'r ffynon." A bu raid i'r cerbydwr balch wneud hyny ddwy waith neu dair, er mawr ddifyrwch i bobl yr ardal.

GEIR-LECHRES (Vocabulary).

ANFODDLAWN, unwilling.
ARGLWYDDIAETH, Lordship.
BALCH, proud.
CERBYD, carriage, coach.
CERBYDWR, coachman.
CYRCHU, to fetch.
ESGOB, bishop.
FFYNON, well.

GRWGNACHLYD, grumbling.
GWIR, true, truth.
GYRU, to drive.
NEGESEUAU, messages.
PARODRWYDD, readiness.
PISER, pitcher.
YMADRODD, speech.
YSTEN DDWFR, water pitcher, jug

46.—Y Curad a'r Dreth.

YN y ganrif ddiweddaf yr oedd Llywodraeth y wlad hon yn codi trethi ar bob peth yn mron a ellid feddwl am dano, hyd nes o'r diwedd nid oedd braidd ddim yn dianc heb ei drethu.

E

Un diwrnod yr oedd Curad wedi myned allan gyda rhai o'i gyfeillion i ben bryn yn y wlad i fwynhau yr olygfa. "Mor ddymunol y mae yr awelon tyner yn chwythu ar ben y bryn hwn," dywedodd un foneddiges yn y cwmni.

"Yn enw pobpeth," meddai'r Curad, "peidiwch â siarad mor uchel, neu os digwydd i rai o swyddogion y Llywodraeth glywed am yr awelon iachus sydd yn chwythu yma, byddant yn sicr o godi treth am ddyfod i ben y bryn."

GEIR-LECHRES (Vocabulary).

BRAIDD, hardly.
BRYN, hill.
CANRIF, century.
CODI, to raise.
CURAD, curate.
CWMNI, company.
GOLYGFA, view.

IACHUS, healthy.
LLYWODRAETH, government.
MWYNHAU, to enjoy.
SIARAD, speak.
TRETH, tax.
YN MRON, nearly.

47.—Y Bugail a Llanciau Llundain.

YR oedd dau goegyn ieuainc o Lundain wedi myned i fwynhau eu hunain i Ucheldiroedd Scotland yn niwedd yr hâf diweddaf. Ar fryn yno tarawsant wrth fugail yn eistedd ar y glaswellt, ac yn darllen. Yma a thraw ar hyd y llechweddau gwelid y defaid a'r geifr oedd dan ei ofal.

Cyfarchasant ef gan ddywedyd, "Y mae golygfa ardderchog i'w gweled o'r fan yma; gallwch weled yn mhell iawn." "Gallaf," meddai'r bugail, "yn mhell iawn." "Ho," ebe'r llanciau mewn llais dirmygus, gan feddwl eu bod yn fwy gwybodus na dyn yn byw yn nghanol y mynyddau, "y mae yn debyg eich bod yn gallu gweled America oddi yma."

"Yr wyf yn gweled llawer yn mhellach na hyny," atebai'r bugail. "Beth! sut y mae hyny yn bod?"

GAFR.

meddent mewn tôn o wawd. "Os aroswch yma dipyn bach eto," oedd ateb y bugail, "chwi a gewch weled y lleuad (lloer) oddi ar y bryn hwn,"

GEIR-LECHRES (Vocabulary).

BUGAIL, shepherd.
COEGYN, saucy fellow, upstart.
CYFARCH, address, salute.
DARLLEN, to read.
DIRMYGUS, scornful.
DIWEDD, end.
GAFR, GEIFR, goat, goats.
GLASWELLT, grass.
GWYBODUS, knowing.

HAF, summer.
LLANCIAU, youths, young men.
LLECHWEDD, a sloping hill.
LLEUAD (LLOER), moon.
SUT, how.
TARAWSANT WRTH, they met.
UCHELDIROEDD, Highlands.
YN DEBYG, likely.
YN MHELL, far.

48.—Y Drws a'r Ffenestr.

AFLONYDDID llawer ar hen lanc oedd yn byw yn Llundain gan fân-werthwyr, y rhai oeddent yn canu cloch y tŷ i gynyg eu nwyddau ar werth. I'r dyben o'u hatal, rhoddodd yr hysbysiad canlynol ar ochr y drws uwch ben y gloch;—" RHYBUDD—Nid yw preswylydd y tŷ hwn yn prynu dim wrth y drws."

Un prydnawn yr oedd yno guro cyson, ond nid yn drwm, ar ffenestr y parlwr. Pan aeth y boneddwr i edrych beth oedd yn achosi y curo, gwelodd ddau ddyn o'r tu allan i'r ffenestr gyda basgedau wedi eu llenwi o nwyddau.

Agorodd y boneddwr y ffenestr mewn nwyd wyllt, a dywedodd wrth y dynion, " Mor ddigywilydd yr ydych! a fedrwch chwi ddim darllen?" " Medrwn, meistr," meddai un o'r dynion.

" Paham nad ydych wedi sylwi ar yr hysbysiad ar y drws?" gofynai yr hen lanc iddynt mewn tôn hynod ddigllawn. " Oddi ar barch ac ufudd-dod i chwi, Syr," atebodd y basgedwr, " gadawsom lonydd i'r drws, ac a ddaethom i'r fan yma, gan nad ydych yn dweud dim yn erbyn prynu wrth y ffenestr."

Nis gallai y boneddwr lai na gwenu wrth glywed yr ateb cyfryws hwn; a phrynodd ryw beth ganddynt. Dranoeth yr oedd y geiriau canlynol wedi eu hychwanegu at yr hysbysiad ar y drws—" nac wrth y ffenestr chwaith."

GEIR-LECHRES (Vocabulary).

ACHOSI, to cause.
AFLONYDDU, to disturb.
AR WERTH, for sale.
CANU'R GLOCH, ring the bell.
CURO, knock.
CYNYG, offer.
DIGYWILYDD, shameless.
DRWS, door.
DYBEN, purpose.
GWENU, to smile.
HYSBYSIAD, notice for information
NIS GALLAI Y BONEDDWR LAI NA GWENU, the gentleman could not help smiling.
NWYDWYLLT, angry feeling.
NWYDDAU, goods.
OCHR, side.
PARCH, respect.
PRESWYLYDD, dweller, inmate.
PRYNU, to buy.
RHYBUDD, notice.
TRWM, heavy, hard.
UWCHBEN, above.
YCHWANEGU, to add.
MAN-WERTHWYR, dealers in small wares.

49.—Y Cybydd a'r Gof.

DIGWYDDODD i hen ffermwr, yr hwn oedd yn gybydd mawr, gael dimai ar y ffordd. Wedi iddo ei chodi, gwelodd ei bod wedi ei thori ar draws ei chanol nes yr oedd yn agos yn ddau ddarn. Cymerodd hi i'r efail, a gofynodd i'r gôf, " A fedrwch chwi drwsio (helpu) y ddimai yma?" " Medraf, yn eithaf rhwydd," atebodd y gôf. Aeth at y gwaith, ac asiodd y ddimai mewn ychydig funudau.

Ni ofynodd y ffermwr i'r gôf beth oedd am wneud y gwaith; ac aeth ymaith heb yn gymaint a diolch iddo am yr hyn a wnaethpwyd. Yn mhen ychydig ddyddiau ar ol hyn derbyniodd y ffermwr *fil* (dyleb) oddi wrth y gôf fel y canlyn:—

Am drwsio dimai .... tair ceiniog.

GEIR-LECHRES (Vocabulary).

AR DRAWS, across.
ASIODD, joined.
BIL, a bill.
DERBYN, to receive.
DIOLCH, to thank.
DYLEB, a bill (an account).
EFAIL, smith's shop, smithy.
GOF, smith.
GWNAETHPWYD, was done.
HELPU, to mend.
RHWYDD, easy.
YN RHWYDD, easily.
TRWSIO, to mend.

50. Ceffyl y Cigydd.

GWELAI boneddwr oedd yn byw yn y wlad wâs cigydd ar gefn ceffyl yn myned heibio i'w dŷ ddwy neu dair gwaith yn yr wythnos. Dyna y fath geffyl oedd arno eisieu, a phenderfynodd ei brynu beth bynag fyddai ei bris. Aeth at y cigydd, a chynygiodd iddo ddeugain punt am ei geffyl, ond gwrthododd hwnw ei werthu. Yna cynygiodd y boneddwr wahanol symiau gan godi yn uwch bob tro, ac o'r diwedd boddlonodd y cigydd ei werthu am bedwar ugain punt. Wedi iddo ei brynu, aeth y boneddwr ar ei gefn gan feddwl ei farchogaeth gartref, ond ni symudai yr anifail yr un fodfedd. Meddyliodd fod rhyw dwyll yn y peth, a dywedodd hyny. Galwodd y cigydd ar ei wâs i fyned ar gefn y ceffyl; ac aeth yr anifail fel y gwynt. Ceisiodd y boneddwr i gael gan y ceffyl redeg, ond methodd. "Pa ham nad aiff y ceffyl pan yr wyf fi ar ei gefn?" gofynai y boneddwr, gan deimlo yn ddigllawn o herwydd ei fethiant. "Os ydych am i'r ceffyl redeg," atebodd y cigydd, "y mae yn rhaid i chwi gymeryd y fasged ar eich braich. Y mae llawer un wedi dymuno prynu y ceffyl hwn, ond wedi cael allan fod yn rhaid cymeryd y fasged hefyd i'w gael i ymsymud cam yn mlaen!"

GEIR-LECHRES Vocabulary.

BETH BYNAG, whatever.
BODDLONODD, agreed.
CIGYDD, butcher.
DEUGAIN, forty.
EISIEU, want, require.

GWAHANOL, different.
GWRTHOD, to refuse.
GWYNT, wind.
MARCHOGAETH, to ride.
METHIANT, failure.

MODFEDD, inch.
MYNED HEIBIO I, to pass by.
PENDERFYNU, resolve, determine.
PRIS, price.
SYMUD, to move.

TWYLL, deceit, cheating.
WYTHNOS, week.
Y MAE YN RHAID I CHWI, you must.
YMSYMUD, to move himself.

51.—Yn y Tan.

YR oedd Athraw yn ddiweddar wedi rhoddi gwers i'r dosparth cyntaf yn ei ysgol yn Hanes Lloegr. Yr wythnos ganlynol aeth i holi y plant er cael gwybod yr hyn oeddent yn gofio.

Ni chafodd atebion da, ac yr oedd yn amlwg fod y plant wedi anghofio y rhan fwyaf o'r wers. Yna gofynodd y cwestiwn hwn : " Yn mha le y llosgwyd Esgob Latimer ?" Yr oedd yr holl ddosparth yn ddistaw. Gofynodd y cwestiwn yr ail waith, ond ni chafodd yr un atebiad.

" Ai nid oes un o honoch a all ateb cwestiwn mor rhwydd a hwna ?" gofynai y meistr. Ar ol ychydig ddistawrwydd dywedodd un o'r bechgyn, " Gallaf fi ei ateb."

" Yn awr, John," meddai'r meistr, " yn mha le y llosgwyd Esgob Latimer ?"

" Yn y tân," atebodd y bachgen yn eithaf gwrol.

GEIR-LECHRES (Vocabulary).

AMLWG, plain, clear.
COFIO, remember.
CYNTAF, first.
DISTAW, silent.
DISTAWRWYDD, silence.

HANES LLOEGR, History of England.
HOLI, to question.
LLOSGI, to burn.
TAN, fire.

52.—Esgusodion y Plant.

PAN yr oedd y plant mewn pentref yn Sir Forganwg yn hwyr (ddiweddar) iawn yn dyfod i'r ysgol un boreu, aeth yr Athraw i'w holi, a dyma yr atebion a gafodd:—

Athraw.—" Pa ham yr ydych chwi yn hwyr heddyw, John?"

John.—" Y mae ein cloc ni yn colli amser."

Athraw.—" Beth sydd genych chwi i ddweud am eich bod yn hwyr, Mari?"

Mari.—" Yr oeddwn i yn dàl y babi i'm mam nes yr oedd hi yn naw o'r gloch."

Athraw.—" Beth sydd genych chwi i ddweud, Dafydd?"

Dafydd.—" Nid allswn gael hyd i (ffeindio) fy llyfrau."

Athraw.—" Beth yw dy esgus di, Arthur?"

Arthur.—" Dechreuodd fy nhrwyn i waedu pan oeddwn ar y ffordd."

Dechreuodd Gwilym wylo pan ddaeth i'w dro ef i ateb y Meistr.

Athraw.—" Pa ham yr wyt ti yn llefain (crïo) Gwilym?"

Gwilym.—" Os gwelwch yn dda, Syr, y mae y lleill wedi dwcud pob esgus, ac nid oes dim wedi ei adael i mi i'w ddweud wrthych."

GEIR-LECHRES Vocabulary).

AMSER, time.
DAL, to hold.
DIWEDDAR, late.
DYFOD, come.
ESGUS, excuse.
ESGUSODION, excuses.
GWAEDU, to bleed.

HEDDYW, to-day.
HWYR, late.
MORGANWG, Glamorgan.
PA HAM, why.
TRWYN, nose.
WYLO, to weep.

53.—Y Mochyn Glas.

DANFONODD un brenin neges at frenin arall fel y canlyn:—" Danfonwch i mi fochyn glas â chynffon ddu iddo, onite ——."

Atebodd y brenin arall:—"Nid oes genyf yr un; a phe bai genyf ——."

O herwydd y geiriau hyn aeth y ddau frenin i ryfela â'u gilydd. Wedi i lawer o ddynion golli eu bywydau, dymunodd y ddau frenin am gael heddwch. Ond cyn y gellid ei gael, yr oeddent am egluro y geiriau a ddefnyddiwyd ganddynt yn y ddwy neges uchod.

"Beth oeddech yn feddwl," gofynodd yr ail frenin i'r cyntaf, " wrth ddweud wrthyf, 'Danfonwch i mi fochyn glas â chynffon ddu iddo, onite' ——?"

"Yr hyn yr oeddwn yn feddwl oedd, mochyn glas â chynffon ddu iddo, neu fochyn o ryw liw arall. Ond beth oeddech chwi yn feddwl wrth ddweud wrthyf, 'Nid oes genyf un, a phe bai genyf' —— ?"

"Pe bai genyf un y danfonwn ef," oedd ateb yr ail frenin.

Boddiwyd y ddau frenin yn yr atebion hyn, a gwnaethpwyd heddwch.

Y mae llawer cweryl mawr wedi codi oddi wrth bethau bychain islaw sylw.

GEIR-LECHRES (Vocabulary).

BRENIN, king.
CWERYL, quarrel.
CYNFFON, tail.
DANFON, send.
DEFNYDDIO, use.
DU, black.
EGLURO, to explain.
GAIR, GEIRIAU, word, words.
GLAS, blue.

HEDDWCH, peace.
ISLAW, beneath.
LLIW, colour.
MOCHYN, pig.
NEGES, message.
ONITE, or else.
PE BAI GENYF, if I had.
UCHOD, above.

54.—Arbed Amser.

YCHYDIG amser yn ol cafodd offeiriad yn Lloegr ei ateb yn ffraethlym gan ei wâs, yr hwn oedd yn Wyddel. Yr oedd y gwâs yn aredig (troi) un diwrnod, a phan ddaeth y Meistr i'r cae yr oedd yn eistedd ar yr aradr er mwyn rhoddi ychydig o orphwys i'r ceffylau. "Pat," meddai'r hybarch foneddwr, gan ymddangos yn llawn difrifwch, "fyddai ddim gwell i ti gael caib i godi'r llwyni ar hyd y gwrych yma tra y bydd y ceffylau yn gorphwys?"

"Syr," atebai Pat, gyda'r un gwynebpryd o ddifrifwch a'i Feistr, "a fyddai ddim gwell i chwithau gael llestriad o bytatws i'r pwlpud i'w pilio yn barod i'r crochan, tra bydd y gynulleidfa yn canu?" Aeth y boneddwr parchedig ymaith dan chwerthin yn iawn.

GEIR-LECHRES (Vocabulary).

ARADR, a plough.
ARBED, to save.
YR AREDIG (TROI) ploughing.
CAIB, hoe, pick.
CROCHAN, pot for boiling.
CYNULLEIDFA, congregation.
DIFRIFWCH, earnestness.
FFRAETHLYM, witty.
GWRYCH, hedge-row.
GWYDDEL, Irishman.
GWYNEBPRYD, countenance, face.
HYBARCH, revered, venerable.
LLESTRIAD, vesselful.
LLWYNI, BUSHES.
OFFEIRIAD, clergyman, priest.
PARCHEDIG, reverend.
PILIO, to peel.
PWLPUD, pulpit.

55.—Y Boneddwr a'r Llo.

YR oedd hen foneddwr yn byw yn y wlad yn awyddus am i ddynion a bechgyn yr ardal ei gyfarch drwy dynu eu hetiau oddi ar eu penau pan y cyfarfyddent âg ef.

Un diwrnod pan oedd y boneddwr yn myned ar

hyd ffordd gûl rhwng dau glawdd uchel, digwyddodd iddo gyfarfod â bachgen oddeutu pymtheg oed yn arwain llô. Yr oedd y creadur yn anhawdd ei drin, a phan welodd y boneddwr nad oedd y bachgen yn parotoi i'w gyfarch fel y dymunai, dywedodd wrtho yn lled sarug, " Pa ham nad wyt ti yn tynu dy het i fy nghyfarch fel arfer ?"

Atebodd y bachgen, "Os byddwch cystal, Syr, a dal y llô am haner munud, mi a dynaf fy het i ffwrdd ar unwaith."

GEIR-LECHRES (Vocabulary).

ANHAWDD, difficult.
ARWAIN, to lead.
AWYDDUS, wish, desire.
CYFARCH, to salute.
LLO, calf.
SARUG, rough, surly.

56.—Twyllo Ffermwr.

CLYWAIS dro yn ol am ffermwr a breswyliai mewn ardal fynyddig yn Sir Frycheiniog, yr hwn oedd yn berchen hen geffyl o'r enw Dragon. Yr oedd

Y CEFFYL.

Dragon yn llawn castiau (triciau) drwg, ac yn anhawdd iawn ei drin. O herwydd hyn penderfynodd y ffermwr ei werthu a chael un newydd yn ci le.

Cymerwyd Dragon i ffair Aberhonddu, ac wedi iddo ei werthu i borthmon, aeth i dŷ tafarn lle yr arosodd am beth amser i yfed gyda dau gyfaill. Yr oedd yn llawen ei fod wedi gwerthu yr hen geffyl, a chael deg punt am dano.

Yn mhen dwy awr aeth allan i brynu ceffyl arall. Wedi iddo roi tro trwy y ffair, a sylwi ar y ceffylau gyda chymaint o graffder ag yr oedd yn meddu ar y pryd, gwelodd yno geffyl wrth ei fodd. Bu yn hir ddadleu am y pris, ac o'r diwedd prynodd ef am ugain punt. Yna dychwelodd tua chartref yn falch o'i fargen. Cyrhaeddodd y tŷ yn ddiogel, a rhoddodd y ceffyl yn yr ystabl.

Boreu dranoeth rhedodd y gwas at ddrws y tŷ, gan waeddi â'i holl nerth, "Meistr! Meistr! yr ydych wedi prynu yr hen Ddragon yn ol; efe mewn gwirionedd yw y ceffyl newydd. Yr unig wahaniaeth yw ei fod wedi ei ysgrafellu a'i lanhau; y mae yn cicio ac yn cnoi mor enbyd ag erioed."

GEIR-LECHRES (Vocabulary).

ABERHONDDU, Brecon.
CASTIAU, tricks.
CNOI, gnaw, bite.
CRAFFDER, keenness.
DADLEU, argue, bargain.
DIOGEL, safe.
ENBYD, dangerous.
FFAIR, fair.
FFERMWR, farmer.
GLANHAU, to clean.
GWAHANIAETH, difference.

MEDDU, to possess.
MYNYDDIG, mountainous.
NEWYDD, new.
PORTHMON, drover, dealer.
PRESWYLIO, to live.
SIR FRYCHEINIOG, Brecknockshire.
TRICIAU, tricks.
TRIN, to manage.
TWYLLO, to deceive.
WRTH EI FODD, that pleased him.
YSGRAFELLU, scraped, currycombed.

57.—Rhy fawr i weithio.

YN ystod y rhyfel am annibyniaeth yn America yn y ganrif ddiweddaf, yr oedd îs-swyddog yn rhoddi gorchymyn i ychydig filwyr i godi trawst mawr trwm i ben mûr uchel i ddybenion milwrol. Yr oedd y gwaith yn galed ac yn anhawdd ei gyflawni. Digwyddodd i swyddog mewn gwisg gyffredin fyned heibio ar y pryd ar gefn ceffyl. Clywodd hwnw yr îs-swyddog yn gorchymyn ei filwyr mewn modd awdurdodol iawn. "Pa ham na roddwch ychydig gynorthwy i'ch dynion," meddai y swyddog arall wrtho. Trôdd hwnw ato, a dywedodd mewn tôn chwyddedig, "Syr, yr wyf fi yn ddengwriad." "O, felly, meddai y llall, "yr wyf yn gofyn eich maddeuant, Meistr Dengwriad." Yna disgynodd oddi ar ei geffyl, a thynodd nes yr oedd y chwys yn sefyll ar ei dalcen. Ar ol codi y trawst i'r lle priodol, trôdd y swyddog at y dyn bach mawr, a dywedodd, "Meistr Dengwriad, pan y bydd genych orchwyl arall fel hwn, a nifer eich dynion yn annigonol, danfonwch am eich Maeslywydd, a mi a ddeuaf ar unwaith gyda'r pleser mwyaf i roddi help i chwi." Safodd y Dengwriad fel pe wedi ei daro gan fellten.

Y swyddog arall oedd y Cadfridog Washington.

GEIR-LECHRES (Vocabulary).

ANNIBYNIAETH, independence.
ANNIGONOL, insufficient.
CANRIF, century.
CADFRIDOG, general.
CHWYDDEDIG, grand, pompous.
CHWYS, sweat, perspiration.
DENGWRIAD, corporal.
DYBENION, purposes.
MADDEUANT, pardon.
MAES-LYWYDD, field-marshal.
MELLTEN, lightning.
MILWROL, military.
NIFER, number.
RHY FAWR, too great.
TRAWST, beam.
YN YSTOD, during.

58.—Yr Ysgolfeistr a'r Blychau.

ODDEUTU deugain mlynedd yn ol yr oedd hen ŵr yn cadw ysgol mewn pentref bychan yn y wlad yn mhell oddi wrth un dref. Un prydnawn hyspysodd i'r plant y byddai Arolygydd y Llywodraeth yn ymweled â'r ysgol yr wythnos ganlynol i'w harholi.

Dywedodd y byddai yr Arolygydd yn lled debyg o holi y dosparth cyntaf mewn Daearyddiaeth; ac os byddai iddo ofyn cwestiwn nad allent ei ateb, dymunai arnynt edrych ato ef, y Meistr, i'w helpu. Fel engraifft, dywedodd os digwyddai i'r Arolygydd ofyn iddynt ynghylch ffurf (llun) y ddaear, y dangosai ef ryw beth iddynt o'r un ffurf.

Daeth yr Arolygydd ar y diwrnod a nodwyd, ac holodd y dosparthiadau y naill ar ol y llall. Yna daeth at y dosparth cyntaf, ac wedi gorphen y darlleu a'r ysgrifenu, dechreuodd holi mewn Daearyddiaeth. Un o'r cwestiynau a ofynodd oedd, " Beth yw ffurf y ddaear?" Edrychodd y plant ar y Meistr er mwyn cael y cynorthwy a addawodd iddynt.

Yr oedd yr hen ysgolfeistr yn cymeryd ysnisyn (trewlwch), ac yn ei gadw mewn blwch (bocs) crwn. Ar ddydd Sul, pan y gwisgai ei ddillad goreu, yr oedd yn cadw yr ysnisyn mewn blwch bychan ysgwâr wedi ei wneud o arian. Ar ddiwrnod yr arholiad gwisgodd ei ddillad goreu, ond gofalodd gymeryd y pethau fyddai eu heisieu yn yr ysgol o'r dillad ereill.

Pan ofynwyd y cwestiwn gan yr Arolygydd am flurf y ddaear, dododd yr ysgolfeistr ei law yn ei boced, a thynodd allan y ddau flwch ysnisyn. Dododd yr un arian yn ol yn ei boced ar unwaith, a daliodd y llall, yr un crwn, rhwng ei fysedd.

Gwelodd un bachgen bach, craff ei olwg, y ddau flwch yn cael eu tynu allan, ond ni sylwodd fod un wedi ei ddychwelyd. Meddyliodd ei fod yn deall yr ateb priodol i'r cwestiwn; yna cododd ei law (yn ol arfer plant ysgol) er dangos i'r Arolygydd ei fod yn medru ateb. Trôdd y gŵr mawr ato, ac yna dywedodd y bachgen mewn llais uchel a chlir—"Y mae y ddaear yn grwn bob dydd ac yn ysgwâr dydd Sul."

GEIR-LECHRES (Vocabulary).

ADDAW, to promise.
ARHOLI, to examine.
ARHOLIAD, examination.
AROLYGYDD, inspector.
BLWCH, BLYCHAU, box, boxes.
CADW, keep.
CRAFF, keen, sharp.
CRWN, round (like a ball).
DAEAR, earth.
DAEARYDDIAETH, geography.
DILLAD, clothes.

DYDD SUL, Sunday.
ENGRAIFFT, example.
FFURF, shape, form.
LLUN, shape, form.
LLYWODRAETH, government.
NODI, to fix, appoint.
YMWELED, to visit.
YN LLED DEBYG, very likely.
YNGHYLCH, about.
YSGWAR, square.
YSNISYN, snuff.

59.—Y Boneddigesau yn llewygu.

ADRODDIR fod yr hanesyn canlynol yn disgrifio amgylchiad a gymerodd le yn ddiweddar mewn dinas yn Lloegr yn mha un y mae Eglwys Gadeiriol.

Yr oedd haner dwsin o hen foneddigesau selog yn arfer myned am lawer o flynyddoedd trwy bob tywydd i'r gwasanaeth boreuol yn yr Eglwys Gadeiriol. Yn y gauaf yr oedd yr hen adeilad yn oer iawn am nad oedd tân ynddi.

Un Hydref, cyn i'r tywydd oer ddechreu, penderfynodd y swyddogion gynesu yr eglwys. Gwrthdystiodd yr hen foneddigesau yn erbyn hyn, am fod cynesu yr eglwys, yn eu tyb hwy, yn hollol ddiangenrhaid. "Cawn ein mygu," meddant, "ac yna byddys yn ein cario ni allan wedi llewygu."

Un boreu yn mis Hydref, pan ddaethant i'r gwasanaeth yn ol eu harfer, gwelsant bump ystôf dân wedi eu gosod i fyny mewn gwahanol fanau yn yr eglwys. Yn ystod y gwasanaeth llewygodd tair o'r boneddigesau. "Yr oeddem yn gwybod mai felly byddai," meddent wrth y Deon ar ol hyny. Ond yr oedd eu syndod yn fawr pan glywsant nad oedd dim tân yn yr un ystôf y boreu hwnw.

GEIR-LECHRES (Vocabulary).

ADEILAD, building.
ADRODD, to say, repeat.
BOREUOL, morning.
CYNESU, to warm.
DEON, Dean.
DIANGENRHAID, not required, unnecessary.
DISGRIFIO, to describe.
EGLWYS GADEIRIOL, Cathedral.

GWASANAETH, service.
GWRTHDYSTIO, to protest, object.
HYDREF, October, Autumn.
MYGU, to stifle, smother.
OER, cold.
SELOG, zealous.
TYB, opinion.
TYWYDD, weather.
YSTOF DAN, fire-stove.

60.—Y Foneddiges a'r Gath.

YR oedd gan foneddiges gath, ag yr oedd yn hoff iawn o honi. Un diwrnod digwyddodd y gath grwydo i ardd dyn oedd yn byw ger llaw. Am ryw reswm yr oedd y dyn mewn tymer drwg y boreu hwnw, a phan welodd y gath yn ei ardd saethodd hi.

Tua chanol dydd clywodd y foneddiges fod ei chath wedi ei lladd. Hi a benderfynodd gospi y dyn am ei greulondeb mewn ffordd bur hynod.

Gosododd drapiau i lawr i ddal llygod yn fyw, a gofynodd i'w chyfeillion i wneud yr un peth. Yn y ffordd hon hi a gafodd dros dri chant o lygod byw, ac wedi iddi eu gosod mewn blwch (bocs), gyrodd hwynt at wraig y dyn a laddodd y gath.

Cyrhaeddodd y blwch yn ddiogel, ac wedi i'r wraig ei agor, neidiodd y llygod allan gan redeg ar hyd yr holl dŷ, a pheri dychryn mawr i'r wraig a'i phlant. Ar waelod y blwch cafwyd nodyn bychan gyda'r geiriau hyn yn ysgrifenedig arno:—" Madam, lladd-odd eich gŵr fy nghath i, ac yn awr yr wyf finau yn anfon y llygod i chwi."

GEIR-LECHRES (Vocabulary).

CREULONDEB, cruelty.
CRWYDRO, to wander.
DAL, to catch.
DYCHRYN, fright.
GARDD, garden.
GER LLAW, near.

GWAELOD, bottom.
HOFF, fond.
LLYGOD BYW, live mice.
RHESWM, reason.
SAETHU, to shoot.
YSGRIFENEDIG, written.

61.—Offer (arfau) Gwr Boneddig.

YCHYDIG flynyddoedd yn ol, benthyciodd bon-eddwr anghenus yn nghymydogaeth Abertawe gan punt oddi ar ddyn, yr hwn oedd yn dilyn crefft gôf. Wedi bod yn hir yn methu cael yr arian yn ol, na llôg gyfreithlon am danynt, aeth y gôf yn o daer am ei eiddo. O'r diwedd bu mor eofn a dywedyd fod yn rhaid iddo eu cael, ac na allasai efe aros yn hwy hebddynt.

Ar hyn ffromodd y crach-foneddwr yn fawr, a dywedodd, "A wyddoch chwi â phwy yr ydych yn siarad? Gŵr boneddig wyf fi, a pha beth ydych chwi? dim ond gôf gwlad."

"Digon gwir," meddai gŵr yr efail, "fe'm dygwyd

F

i fyny gan fy nhad i fod yn ôf, a'ch tad chwithau a'ch dygodd chwi i fyny yn ŵr boneddig; ond gyda hyn o wahaniaeth:—Pan osododd fy nhad fi i fyny yn ôf, efe a'm cynysgaeddodd âg offer (arfau), megis morthwylion, gefeiliau, &c. Gosododd eich tad chwi i fyny i fod yn ŵr boneddig, ond gadawodd chwi heb yr offer, sef aur ac arian. Yn awr, Syr, da genyf fyddai gwybod pa un a'i gôf âg offer, neu ŵr boneddig heb offer sydd oreu?"

Cafodd y gôf ei arian cyn diwedd y mis.

GEIR-LECHRES (Vocabulary).

ABERTAWE, Swansea.
ANGHENUS, needy.
BENTHYG, to borrow.
CRACH-FONEDDWR, would-be gentleman.
CREFFT, trade.
CYFREITHLON, legal, proper.
CYMYDOGAETH, neighbourhood.
CYNYSGAEDDU, to endow, to give.
EIDDO, property.
EOFN, bold.

FFROMODD, got angry, fumed.
GEFAIL, tongs, smithy.
HEBDDYNT, without them.
LLOG, interest.
MEGIS, such as.
MORTHWYL, hammer.
OFFER, ARFAU, tools.
TAER, urgent, eager, to press.
YN O DAER, rather pressing.

62—Amaethu heb dalu Rhent.

YR oedd fferm ar ystâd boneddwr yn Lloegr wedi myned yn wâg, ac nid oedd neb yn ei cheisio. Wedi iddi fod yn hir heb ddeiliad, gofynodd gwraig y boneddwr iddo a gawsai hi y fferm, er mwyn cael rhyw waith a difyrwch i'w horiau hamddenol.

Caniatawyd ei dymuniad, a chan ei bod yn foneddiges synwyrol a diwyd, ac yn rhoddi ei bryd ar drin y fferm yn y modd goreu, hi a gafodd yn mhen amser ei bod yn elwa cryn dipyn oddi wrth gynyrch y tir.

"Yr wyf yn sicr," meddai hi un diwrnod wrth ei gŵr, " fod trin tir yn orchwyl enillfawr, ac y mae yn rhyfedd genyf fod amaethwyr yn gyffredin yn bobl mor rwgnachlyd."

"Wel, fy anwylyd," atebodd yntau, "nid yw yn anhawdd iawn i chwi enill wrth amaethu; nid ydych yn talu rhent am y fferm i'r Meistr tir."

" Ië, yn wir," meddai hithau, " fe anghofiais i am y rhent; y mae hyny yn rhywbeth hefyd."

GEIR-LECHRES (Vocabulary).

AMAETHU, to farm.
ANWYLYD, dear.
BRYD, mind.
CANIATAU, allow, permit.
CYNYRCH, produce.
DEILIAD, tenant.
DIWYD, diligent.

ELWA, to profit.
ENILLFAWR, profitable.
GRWGNACHLYD, grumbling.
GWAG, empty, vacant.
HAMDDENOL, leisure.
SYNWYROL, sensible.
YSTAD, estate.

63.—Ewch a De'wch.

YR oedd gŵr boneddig yn un o Siroedd Lloegr yn trin tyddyn o'i eiddo ei hun oedd yn werth pedwar cant o bunoedd yn y flwyddyn. Yn mhen ychydig flynyddoedd bu raid iddo werthu un haner o'r tir i dalu ei ddyledion, a gosod yr haner arall i amaethwr ar brydles o un mlynedd ar hugain.

Yn mhen yspaid yr oedd ar yr amaethwr eisieu cael prynu y tir. " Pa fodd y mae hyn," meddai y boneddwr, " yr oeddwn i yn methu byw ar y tyddyn er nad oedd genyf ddim rhent i'w dalu, tra yr ydych chwi yn talu rhent, ac eto yn alluog i brynu'r tir!"

"Gellir egluro y dirgelwch yn eithaf rhwydd," ebe'r amaethwr. " Dau air sydd yn gwneuthur yr holl wahaniaeth: yr oeddech chwi yn dweud *Ewch*, tra yr wyf fi yn dweyd *De'wch*. Yr oeddech chwi yn gorwedd yn eich gwely, neu yn difyru eich hunan,

BUARTH FFERM.

ac yn anfon ereill i wneuthur yr holl waith. Ar y llaw arall, byddaf fi yn codi yn fore, ac yn gofalu fod y gwaith yn cael ei wneuthur yn iawn.

GEIR-LECHRES (Vocabulary).

DEWCH, come.
DIRGELWCH, secret.
DYLED, debt.
EGLURO, to explain.
EWCH, go.
GALLUOG, able.

GOFALU, to take care.
GORWEDD, to lie down.
OSOD, to let (a farm).
PRYDLES, a lease.
TYDDYN, farm.
YSPAID, space of time.

64.— Y Ffermwr Trachwantus.

YR oedd dyn mewn pentref bychan wedi trin ei ardd yn dda, a chafodd gnwd rhagorol o honi. Sylwodd fod yno feipen (erfinen) anferth o faint.

Cymerodd y dyn y feipen i'w dangos i foneddwr caredig oedd yn byw yn yr ardal. Rhyfeddodd hwnw at ei maint, ac er mwyn gwobrwyo y gweithiwr am ei ddiwydrwydd, rhoddodd bapur pum' punt iddo am y feipen. Nid oedd y gweithiwr yn disgwyl cael y fath rôdd, a dychwelodd i'w dŷ wedi ei loni yn fawr. Dywedodd wrth ei gymydogion am haelioni y boneddwr, a beth a gafodd am y feipen.

Clywodd ffermwr trachwantus, yr hwn oedd yn ddeiliad i'r boneddwr, am ei rôdd i'r gweithiwr. Yr oedd gan y ffermwr lô ieuanc yn hynod am ei faint. Meddyliodd os byddai iddo wneud anrheg o hono i'w feistr tir y cawsai ei dalu yn dda am hyny.

Tranoeth aeth y ffermwr a'r llô fel anrheg i'r boneddwr. Gwelodd yntau yr amcan, a gwrthododd ei dderbyn. Bu y ffermwr yn daer arno i'w gymeryd, ac o'r diwedd, er yn anfoddlawn iawn, cydsyniodd y boneddwr, a ddywedodd, "Gan eich bod mor daer, cymeraf y llô, a rhoddaf i chwi am dano yr hyn a gostiodd i mi fwy na gwerth eich llô chwi." Yna estynodd iddo y feipen fawr!

GEIR-LECHRES (Vocabulary).

ANFERTH, very large, huge.
ANFODDLAWN, unwilling.
ANRHEGU, to reward, present.
CNWD, crop.
CYDSYNIO, to agree.
DISGWYL, to expect.
DIWYDRWYDD, industry.
ERFINEN, ERFIN, turnip, turnips.
ESTYN, to reach.
GWOBRWYO, to reward.

HAELIONI, liberality, giving freely.
LLONI, to rejoice.
MAINT, size.
MEIPEN, MAIP, turnip, turnips.
MEISTR TIR, landlord.
RHODD, gift.
RHYFEDDU, to wonder.
TRACHWANTUS, greedy.

65.—Y Ffermwr a'r Cyfreithiwr.

UN boreu daeth ffermwr at gyfreithiwr, a dywedodd wrtho gyda gofid mawr am ddigwyddiad a gymerodd le y noson flaenorol.

"Corniodd fy nharw i," meddai y ffermwr, "eich eidion chwi, a lladdodd ef. Dymunol fyddai genyf glywed pa fodd y mae i mi i wneud cyfiawnder a chwi."

"Yr wyt ti yn ddyn gonest," ebe'r cyfreithiwr, "ac ni feddyli ei fod yn beth anghyfiawn fy mod yn disgwyl cael eidion arall genyt yn lle yr un a laddwyd."

Y TARW.

"Da iawn," meddai'r ffermwr, "nid yw hyny ond cyfiawnder; ond beth a ddywedais? Mi a gamsyniais. Eich tarw chwi sydd wedi lladd fy eidion i."

"Yn wir!" ebe'r cyfreithiwr, "os felly y mae y peth yn wahanol. Mi fynaf edrych i'r achos, ac os ——"

"Ac os!" meddai'r ffermwr, "buasai yr achos wedi ei derfynu heb un *os*, pe buasech chwi mor barod i wneud cyfiawnder âg ereill ag yr ydych i'w fynu oddi wrthynt hwy."

GEIR-LECHRES (Vocabulary).

AC OS, and if.
ACHOS, cause, matter.
ANGHYFIAWN, unjust.
BLAENOROL, preceding.
CAMSYNIAIS, I made a mistake.
CORNIO, to horn.
CYFIAWNDER, justice.
CYFREITHIWR, lawyer.
DIGWYDDIAD, accident, occurrence.

EIDION, EIDON, ox.
GONEST, honest.
MEDDWL, to think.
NOSON, night.
OS FELLY, if so.
TARW, bull.
TERFYNU, to end.
YN WIR, indeed.
YN LLE, instead of.

66.—Handel a'r Organydd.

UN boreu Sul aeth Handel, y cerddor enwog, i eglwys yn Llundain, lle y dymunai gael chwareu yr organ, yr hon oedd yn un dra rhagorol. Nid oedd yr organydd yn adwaen Handel, ond atebodd y cai, os mynai, chwareu yr organ ar ddiwedd y gwasanaeth, pan fyddai y bobl yn myned allan.

Felly bu; pan oedd y bobl, yn ol eu harfer, yn parotoi i ymadael, dyma Handel yn chwareu yn ei ddull anghymarol ei hun, nes yr oedd pawb wedi synu, ac yn gwrando heb feddwl am symud o'u seddau.

Deallodd yr Organydd mewn ychydig funudau mai nid chwareuwr cyffredin oedd yn trin yr organ. Gofynodd yn ddistaw iddo pwy ydoedd. "Fy enw i yw Handel," oedd yr ateb.

"Yr enwog Handel!" meddai yr Organydd synedig, "ai chwi a droais i draw fel hyn hyd ddiwedd y gwasanaeth! Ofer yw meddwl y bydd i'r gynulleidfa ymadael tra y byddwch chwi wrth yr organ."
Gyda hyn aeth y gŵr arferol ati eilwaith, ac yn fuan yr oedd yr eglwys yn hollol wâg.

GEIR-LECHRES (Vocabulary).

ADWAEN, to know.
ANGHYMAROL, unequalled.
CERDDOR, musician.
CYFFREDIN, common.
CHWAREU, play.
EGLWYS, church.
ENWOG, celebrated.

GWASANAETH, service.
RHAGOROL, very good.
SEDDAU, seats.
SYNEDIG, surprised.
SYNU, to surprise.
TROI DRAW, to turn aside.

67.—Y Ceidwad a'r Gwallgofddyn.

YR oedd ceidwad gwallgofdy un diwrnod yn edrych allan trwy ffenestr mewn ystafell ar y drydedd lofft. Yn ddiarwybod iddo gafaelodd gwallgofddyn cryf yn ei fraich, a dywedodd wrtho, "Yr wyf am i chwi neidio i lawr acw trwy'r ffenestr."
Yn lle dangos un math o ofn, trôdd y ceidwad at y dyn, a dywedodd mewn llais digryn, "Neidio i lawr acw! y mae hyny yn ddigon hawdd. Ond a garech chwi fy ngweled i yn neidio o'r gwaelod i fynu? Yn awr sylwch arnaf yn gwneud hyn."
Boddiwyd y gwallgofddyn yn fawr, a gollyngodd ei afael. Yna estynodd ei ben allan drwy'r ffenestr i edrych am ymddangosiad y ceidwad, yr hwn oedd wedi myned i lawr fel y meddyliai ef. Mewn ychydig o funudau yr oedd chwech o'r gweision yn gafaelyd yn yr un gwallgof i'w ddwyn i'r ystafell o'r hon yr oedd wedi dianc.

Y LLADRON DYCHRYNEDIG.

GEIR-LECHRES (Vocabulary).

A GARECH CHWI, would you like.
ACW, there, yonder.
BRAICH, arm.
CEIDWAD, keeper.
CRYF, strong.
DIORYN, without trembling.
I FYNY, up.
GWAELOD, bottom, below.
GWALLGOFDY, lunatic asylum.
GWALLGOFDDYN, a lunatic, a madman.
LLAIS, voice.
LLOFT, story (of a house).
OFN, fear.
TRYDYDD, TRYDEDD, third.

68.—Y Lladron dychrynedig.

YR wythnos cyn y ddiweddaf galwodd llencyn tlawd, yr hwn oedd yn ysgubwr simneiau, mewn tŷ ffarm ger llaw Caerloyw. Wedi adrodd cryn lawer o'i helyntion trafferthus deisyfodd yn daer gael lletya dros nos mewn un o'r tai allan. Cydsyniwyd â'i gais, a chlowyd yr ysgubwr yn yr ysgubor.

O gylch dau o'r gloch y bore torodd tri lleidr i'r ysgubor, a dechreuasant lenwi eu sachau â gwenith. Deffrodd (dihunodd) y llanc, yr hwn a dybiodd mai gŵr y tŷ oedd yno yn dechreu gweithio. Neidiodd i fyny gan lefain, "Meistr, meistr, a gaf fi eich helpu chwi." Ffôdd y lladron yn ddioed; a'r fath oedd eu dychryn fel y gadawsant ar eu holau, nid yn unig eu sachau, ond ceffyl a throl (cart) hefyd, y rhai a ddygwyd yno ganddynt i ddwyn ymaith yr anrhaith. Trwy y rhai hyn cafwyd allan pwy oedd y lladron, ac wedi eu dal, cawsant eu carcharu.

GEIR-LECHRES (Vocabulary).

ANRHAITH, spoil
CAERLOYW, Gloucester.
CARCHARU, to imprison.
CLOI, to lock up.
CYDSYNIO, to agree.
DEFFRO, to awake.
DEISYFODD, he begged.
DIHUNO, to awake.
DYCHRYNEDIG, frightened.
GWENITH, wheat.
HELYNT, condition.
HELYNTION, affairs.
LLETYA, to lodge.
O GYLCH, about.
SACHAU, sacks.
TORODD, broke.
YSGUBOR, barn.
YSGUBWR, a sweep.

69.—Y Cadfridog a'r Milwr.

YR oedd Cadfridog Ffrengig unwaith yn arwain ei fyddin trwy fwlch cul ac anhawdd ei dramwy. Dywedodd wrth ei filwyr ei fod yn gobeithio y byddai iddynt ddioddef blinderau a pheryglon y daith yn amyneddgar.

"Y mae yn ddigon hawdd (rhwydd) i chwi i siarad," meddai un o'r milwyr oedd yn agos ato, "yr ydych chwi yn marchogaeth ceffyl da, ond am danom ni, druain, nid oes dim i ni ond byd caled."

Pan glywodd y Cadfridog y geiriau hyn, disgynodd oddi ar ei geffyl, a chynygiodd ei le i'r milwr grwgnachlyd, yr hwn a'i cymerodd. Ond nid oedd wedi bod ond ychydig funudau ar y ceffyl cyn y cafodd ei saethu gan y gelynion oeddent ar y bryniau cyfagos, a syrthiodd yn farw yn y fan.

"Yr ydych yn gweled yn awr," meddai'r Cadfridog wrth ei filwyr, "nad y lle uchaf bob amser yw y lle diogelaf." Yna cynygiodd ei geffyl i unrhyw ddyn a ddewisai ei farchogaeth, ond gwrthododd pawb gymeryd y fath le peryglus. Aeth y Cadfridog eilwaith ar ei geffyl, a theithiwyd yn mlaen yn ddirwystr y gweddill o'r dydd.

GEIR-LECHRES (Vocabulary).

AMYNEDDGAR, patient.
BLINDER, fatigue, trouble.
BWLCH, pass.
BYD CALED, hard life.
CYFAGOS, near, neighbouring.
DEWIS, choose.

DIODDEF, to bear, endure.
DIRWYSTR, without hindrance.
GELYN, enemy.
TEITHIO, to travel.
TRAMWY, to pass through, to traverse.

70. Y Gyrwr gofalus.

DODODD hen foneddwr unwaith hyspysiad yn y newyddiadur fod arno eisieu dyn i yru ei gerbyd. Daeth pedwar i geisio am y lle, a danfonwyd hwynt y naill ar ol y llall i bresenoldeb y boneddwr. Pan ddaeth y cyntaf i mewn, gofynodd y boneddwr iddo, "Pe baech chwi yn gyru fy ngherbyd i, pa mor agos i ymyl clogwyn (dibyn) y medrech chwi fyned fel nad elai y cerbyd drosodd?" "Medraf yru o fewn llathen i'r ymyl," atebodd y dyn. "Ni wnewch y tro i mi," meddai y boneddwr.

Gofynodd yr un cwestiwn i'r ail, ac atebodd hwnw y medrai fyned o fewn troedfedd i ymyl y clogwyn. Danfonwyd yntau ymaith; a phan ddaeth y trydydd i mewn, atebodd gofyniad y boneddwr trwy ddweud y gallai yru o fewn modfedd i'r ymyl. Cymaint oedd dychryn y boneddwr pan glywodd y fath ateb, fel braidd y medrai ddweud wrth y dyn na fyddai iddo ei gyflogi ar unrhyw delerau.

Wedi i'r pedwerydd ddyfod i mewn a chlywed y cwestiwn, dywedodd, "Pe bawn i yn eich gyru mewn cerbyd, gwnawn bob ymdrech i gadw mor bell ag sydd yn bosibl oddi wrth ymyl clogwyn." Nid oes angen dweud mai yr olaf oedd y gŵr a gyflogwyd.

Gofalwch bob amser gadw mor bell ag sydd yn bosibl oddi wrth bob math o berygl.

GEIR-LECHRES (Vocabulary).

CLOGWYN, precipice, high rock.
CYFLOGI, to hire, to engage.
DIBYN, precipice.
GOFALUS, careful.
GOFYNIAD, question.
GYRWR, coachman.
HYSPYSIAD, advertisement.
LLATHEN, a yard.
MODFEDD, an inch.
NEWYDDIADUR, newspaper.
OLAF, last.
PEDWERYDD, fourth.
TELERAU, terms.
TROEDFEDD, a foot (in length).
YMYL, edge.

71. Y Cychwr Gwrol.

UN gauaf gwlyb bu llifogydd mawrion yn yr afon Adige, yn Itali. Golchodd y llif ymaith un bont fawr oedd yn croesi yr afon yn Verona, gan adael dim ond un bwa o'r bont yn sefyll. Ar y bwa hwn yr oedd tŷ wedi ei godi rai blynyddoedd cyn hyn.

Ymgasglodd tyrfa fawr o bobl i làn yr afon, a gwelwyd fod y teulu heb ddianc o'r tŷ cyn i'r llif ddwyn ymaith y bont. Yr oedd y perygl yn fawr iawn; gan y disgwylid bob munud i'r tŷ syrthio i'r llifeiriant ofnadwy. Gellid gweled y trueiniaid yn y ffenestr yn galw yn uchel am gymhorth.

Gwaeddodd un boneddwr cyfoethog o blith y dorf y rhoddai gan punt (arian Ffrainc) i unrhyw un a achubai y teulu. Ar hyn neidiodd dyn ieuanc i mewn i gwch, a rhwyfodd trwy'r llif hyd nes oedd dan y bwa. Yna sicrhaodd y cwch wrth gareg fawr yn y darn pont.

Ar ol cryn drafferth cafodd yr holl deulu yn ddiogel i'r cwch. Rhwyfodd yn ol, a chyrhaeddodd y làn yn nghanol banllefau cymeradwyol y dorf. Daeth y boneddwr yn mlaen, a dywedodd wrth y gŵr ieuanc oedd yn sefyll yn sychu y chwys oddi ar ei dalcen. "Yr ydych yn awr wedi profi eich bod yn ddewr iawn, ac yr ydych yn llawn haeddu y wobr; dyma eich arian." Yna cynygiodd yr arian iddo.

"Ni chymeraf eich rhôdd," meddai'r gwron, "nid wyf yn gwerthu fy mywyd am arian; rhoddwch hwynt i'r teulu hwn sydd yn awr mewn angen mawr, gan eu bod wedi colli eu holl eiddo."

GEIR-LECHRES Vocabulary).

ACHUB, to save.
BANLLEF, loud shout.
BWA, arch.
CROESI, to cross.
CWCH, boat.
CYCHWR, boatman.
CYMERADWYOL, approving.
CHWYS, sweat, perspiration.
DARN, broken piece, part.
GOLCHI, to wash.

GWLYB, wet.
HAEDDU, deserve.
LLIF, LLIFOGYDD, flood, floods.
LLIFEIRIANT, swift current, torrent.
PONT, bridge.
RHWYFO, to row.
SEFYLL, to stand.
SICRHAU, to fasten.
TYRFA, crowd.

72.—Y Morgrugyn a'r Ceiliog Rhedyn.

AR ddiwrnod rhewllyd yn y gauaf daeth Ceiliog Rhedyn, yr hwn oedd bron wedi trengu gan oerni a newyn, at dŷ Morgrugyn. Mewn llais crynedig erfyniodd ar y Morgrugyn roddi rhywbeth iddo i'w gadw yn fyw.

Gofynodd y Morgrugyn iddo beth oedd wedi bod yn ei wneud yn ystod yr hâf, gan ei fod yn awr mewn eisieu. "Yn wir," meddai, "treuliais yr hâf yn ddifyr ac yn llawen trwy ganu ac ymblesera ar y rhosydd." Atebodd y Morgrugyn yn bur sychlyd, "Yr oeddwn innau yn gweithio yn galed yn yr hâf i ystorio bwyd erbyn y gauaf; gan eich bod wedi treulio yr hâf i ganu, gwell i chwi ddawnsio trwy y gauaf."

Nid yw haul y boreu yn para trwy'r dydd. Dylai pob un gynilo pan yn ieuanc, er mwyn darparu ar gyfer henaint.

GEIR-LECHRES (Vocabulary).

CEILIOG RHEDYN, grasshopper.
CRYNEDIG, trembling.
CYNILO, to save.
DARPARU, to provide.
DAWNSIO, to dance.
DYLAI, ought.
ERFYNIODD, he begged.
HAUL, sun.
HENAINT, old age.
NEWYN, hunger.
OERNI, cold.
PARA, to continue.
RHEWLLYD, frosty, freezing.
RHOSYDD, moors.
YN SYCHLYD, drily.
TRENGU, to die.
TREULIAIS, I spent.
YMBLESERA, to enjoy one's self.
YSTORIO, to store up.

73. - Nod drwg.

AETH gŵr yn ddiweddar i fasnachdy eang lle y gwyddai fod arnynt eisieu bachgen oddeutu pymtheg oed yn brentis. Dywedodd wrth y perchenog, "Yr wyf wedi clywed am lanc sydd yn awyddus i ddyfod i'ch gwasanaeth fel prentis."

"Da iawn," ebe'r masnachwr, "pwy ydyw?" Rhoddodd y cyfaill enw y llanc, a dywedodd hefyd lle yr oedd yn byw. "Nid oes arnaf ei eisieu ef; y mae nôd drwg arno," meddai gŵr y masnachdy.

"Nôd drwg, Syr! beth ydych yn feddwl?" gofynai y cyfaill mewn syndod. "Byddaf yn ei gyfarfod bob dydd gyda phibell yn ei enau," oedd yr ateb; "ni wna bachgen ieuanc yn ysmocio y tro i mi."

GEIR-LECHRES (Vocabulary).

AWYDDUS, wishful, desirous.
BETH YDYCH YN FEDDWL? what do you mean?
YN DDIWEDDAR, lately.
ENW, name.
GENAU, mouth, lips.
NOD, mark.
PIBELL, pipe.
PRENTIS, apprentice.
PYMTHEG, fifteen.
SYNDOD, surprise, wonder.
NID OES ARNAF EI EISIEU, I do not require him.

74.—Y Bachgen yn yr Ysgol Garpiog.

AETH boneddwr yn Llundain i mewn i ysgol plant tlodion. Wrth fyned o ddosbarth i ddosbarth gyda'r athraw, gwelodd yno fachgen bach oddeutu naw oed yn meddu llygaid disglaer, a gwyneb prydferth a synwyrol.

Trôdd y boneddwr ato, a gofynodd iddo mewn llais tyner, "A oes mam genych chwi, fy machgen i?"

Cododd y bachgen oddi ar y fainc lle yr oedd yn eistedd, ac edrychodd yn gyntaf ar ei garpiau ei hun, ac yna ar y boneddwr, a dywedodd, "A ydwyf fi yn edrych fel bachgen â mam ganddo?"

Yr oedd y bachgen wedi gweled eisieu ei fam lawer gwaith, ac yr oedd yn gwybod ac yn teimlo fod yr olwg arno y foment hono yn ddigon i ddangos i'r boneddwr nad oedd ganddo yr un fam.

GEIR-LECHRES (Vocabulary).

CARPIAU, rags.
DISGLAER, bright.
MAINC, bench, form.
PRYDFERTH, beautiful.
SYNWYROL, intelligent, sensible.
TEIMLO, to feel.
TLODION, poor *(plural number)*.
TYNER, tender.

75.—Dysgwch Blygu.

PAN oedd Benjamin Franklin yn ŵr ieuanc, talodd ymweliad â hen weinidog enwog. Wrth ymadael, wedi gorphen yr ymddiddan, arweiniodd y gweinidog ef allan trwy ddrws y cefn; ac fel yr oeddent yn myned trwy borth lled gul, dywedodd yr hen ŵr wrth y bachgen, "Plyga dy ben." Heb ddeall yn iawn ystyr y cyfarwyddyd, rhoddodd y gŵr ieuanc gam arall yn mlaen, a tharawodd ei ben yn erbyn trawst a estynai dros y fynedfa. Trôdd yr hen weinidog tirion ato, a gofynodd iddo os oedd wedi cael llawer o niwed. Wedi iddo ddeall nad oedd fawr gwaeth, dywedodd wrtho, "Yr ydych chwi yn ieuanc, ac y mae y byd o'ch blaen chwi; dysgwch ymblygu wrth fyned trwyddo, yna chwi a gedwch eich hun trwy hyny oddi wrth lawer dyrnod galed."

GEIR-LECHRES (Vocabulary).

CAM, step.
CYFARWYDDYD, instruction.
DRWS Y CEFN, back door.
DYRNOD, blow.
DYSGWCH, learn.
GORPHEN, finish.
GWAETH, worse.
GWEINIDOG, a minister.

MYNEDFA, passage.
NIWED, injury.
PLYGU, to bend.
PORTH, doorway.
TIRION, tender.
YMBLYGU, to bend one's self.
YMDDIDDAN, conversation.
YSTYR, meaning.

76.—Dyferyn o Inc.

SYLWODD mam fod ei mab, Gwilym, wedi gwaethygu cryn lawer yn ei ymddygiad er pan oedd yn gyfeillgar â bachgen o gymeriad amheus oedd wedi dyfod i fyw i'r ardal. Un prydnawn wedi i Gwilym ddychwelyd o'r ysgol, dywedodd ei fam wrtho nad allai hi o hyn allan ganiatau iddo fyned gyda'r fath fachgen drwg.

Dywedodd Gwilym nad oedd ef yn dysgu dim oedd yn ddrwg oddi wrth ei gydymaith, er ei fod yn cyfaddef fod y bachgen yn arfer geiriau drwg ar brydiau, ac hefyd ei fod yn aml yn anufudd i'w rïeni.

" Yr wyf wedi cael addysg dda," meddai Gwilym, " ac yn lle dysgu drwg oddi wrtho, y mae yn fwy tebyg y bydd i mi wneud lles iddo."

Ni ddywedodd y fam ddim mewn atebiad, ond cymerodd haner gwydraid (glasiad) o ddwfr glân, a dododd ynddo un dyferyn o inc. Pan welodd Gwilym fod yr inc wedi troi lliw y dwfr, dywedodd, " Pwy allasai feddwl y gwnai un dyferyn o inc dduo cymaint ar y gwydraid dwfr ?"

" Dod un dyferyn o ddwfr glân ynddo eto," meddai'r fam, " i'w droi yn ol i'r lliw blaenorol."

"Ni byddai i hyny," oedd atebiad Gwilym, "effeithio dim ar liw y dwfr, na deg nac ugain dyferyn o ran hyny. Yn wir, pe llanwn y gwydryn at yr ymyl, byddai peth o liw yr inc yn aros o hyd."

Terfynwyd yr ymddiddan gan y fam yn y geiriau canlynol :—

"Yr wyf yn gobeithio, fy machgen i, y cymeri di wers oddi wrth hyn i weled y perygl o ddilyn cwmpeini drwg. Y mae ychydig o ddrwg yn aml yn llygru llawer o dda."

GEIR-LECHRES (Vocabulary).

AMHEUS, doubtful.
ANUFUDD, disobedient.
AR BRYDIAU, at times, occasionally.
CWMPEINI, company.
CYDYMAITH, companion.
CYFADDEF, confess.
CYFEILLGAR, friendly.
CYMERIAD, character.
DUO, to blacken.
DYFERYN, a drop.
EFFEITHIO, to effect.
GLASLAD, glassful.
GWAETHYGU, to grow worse.
GWYDRAID, glassful.
GWYDRYN, glass.
LLES, good, benefit.
LLIW, colour.
LLYGRU, to corrupt.
RHIENI, parents.
TERFYNU, to end.
YMDDYGIAD, conduct.

77.—Y Bachgen Anufudd.

YR oedd Dafydd yn fachgen anufudd iawn, ac yn achosi llawer o ofid a phryder i'w rïeni. Ymdrechwyd mewn llawer ffordd ei ddiwygio trwy roddi cynghorion da iddo, ond nid oedd dim a wneid yn cael un effaith arno.

Un diwrnod cymerodd ei dad ef i'r ardd, a dangosodd iddo bolyn (post pren) a osodwyd ganddo yn y ddaear. Dywedodd wrtho y byddai iddo guro hoelen fechan o brês i'r polyn bob tro y byddai yn anufudd. Ond ni wnaeth hyn un cyfnewidiad yn Dafydd; parhaodd mor anufudd ag erioed.

Yn mhen rhai misoedd galwodd ei dad arno i ddyfod i'r ardd, ac aethant at y polyn. Yna safodd y ddau heb ddweud un gair. Sylwodd y tad fod Dafydd yn syllu yn fanwl ar y pren, ac yn rhifo yr hoelion pres ynddo. Ond, rhoddodd y gorchwyl i fyny, gan fod un ochr o'r pren wedi ei lenwi ganddynt.

"Fy nhad," meddai Dafydd, "y mae yr hoelion hyn yn dangos fy mod i yn fachgen drwg ac anufudd iawn. Nid ydych yn haeddu y fath driniaeth oddi wrthyf, am eich bod chwi a fy mam wedi ymddwyn yn y modd mwyaf caruaidd tuag ataf. Ond os gwnewch faddeu i mi am yr hyn sydd wedi myned heibio, ymdrechaf yn y dyfodol i fod yn fachgen da, ac ni chewch chwi na fy mam achos i achwyn arnaf."

"Y mae yn llawenydd o'r mwyaf genyf glywed y geiriau hyn oddi wrthyt," meddai'r tad, "ac er mwyn cael rhyw arwydd allanol i ddangos dy fod wedi diwygio, mi a dynaf un hoelen allan o'r pren bob tro y bydd i ti ufuddhau i ni."

Bu Dafydd cystal a'i air; yr oedd wedi diwygio yn hollol, ac yr oedd yr hoelion yn dyfod allan yn gyflym a lluosog.

Rai wythnosau ar ol hyn, galwodd y tad ar Dafydd i ddyfod y drydedd waith i'r ardd. Pan safasant yn awr o flaen y pren, sylwasant fod yr hoelion wedi diflanu bob un. Ni ddywedodd Dafydd yr un gair, tra yr oedd calon y tad yn llamu o lawenydd am fod ei fab wedi cael y fath gyfnewidiad.

Wedi iddo sefyll am ychydig funudau mewn dull myfyriol, dywedodd Dafydd, "Y mae yr hoelion wedi myn'd, ond y mae eu hôl i'w gweled eto yn y pren."

Y mae gweithredoedd drwg bob amser yn gadael argraff ar eu hôl.

GEIR-LECHRES (Vocabulary).

ACHOSI, to cause.
ACHWYN, to complain.
ALLANOL, outward, visible
AR EU HOL, after them.
ARGRAFF, mark, impression.
CARUAIDD, loving.
CURO, to knock, to beat.
CYFNEWIDIAD, change.
CYSTAL, as good.
DIFLANU, to disappear.
DIWYGIO, to improve, reform.
DYFODOL, future.
EFFAITH, effect.
GWEITHREDOEDD, acts, deeds.
HAEDDU, deserve.
HOELEN, a nail.
LLAMU, to leap, jump.
LLUOSOG, numerous, many.
MADDEU, to forgive.
MYFYRIOL, thinking, reflective.
OL, mark.
POLYN, a pole.
PRES, brass.
RHIFO, to reckon.
SYLLU, to gaze, to look hard at.
TRINIAETH, treatment.
TYNU, draw out, extract.
YMDDWYN, to behave.

78.—Cosp drom.

DIGIODD dyn balch a chul ei feddwl, yr hwn oedd yn berchen llawer o dir yn un o siroedd y Gogledd, wrth gurad tlawd. Yr oedd y curad yn treulio ei oriau hamddenol i fyned o dŷ i dŷ yn y plwyf i lanhau clociau.

Cymerodd y meistr tir fantais ar hyn i achwyn wrth Dr. Shipley, Esgob Llanelwy, fod y curad yn dilyn masnach yn y plwyf. Danfonodd yr Esgob lythyr at y curad yn dymuno arno i ymweled ag ef yn ddioed. Wedi iddo fyned i'r Palas, gofynodd yr Esgob iddo pa ham yr oedd yn dwyn gwarth ar yr esgobaeth drwy ddilyn masnach a gweithio crefft.

Dywedodd y curad yn bur ostyngedig, ei fod yn glanhau clociau er mwyn enill ychydig yn ychwaneg i gynal ei wraig a'i blant, am fod ei gyflog mor fychan.

"Ni wna hyn yna y tro i mi," meddai ei Arglwyddiaeth, gan edrych arno yn llym, "mi a'ch cospaf yn y fath fodd fel y gorfodir chwi i roddi eich crefft dlawd i fyny."

Yna aeth yr Esgob allan o'r ystafell, gan adael y curad i'w fyfyrdodau ei hun. Yn mhen chwarter awr daeth ysgrifenydd yr Esgob i mewn, a rhoddodd lythyr yn llaw y curad. Wedi iddo ei ddarllen, synwyd ef gymaint fel na fedrai ddweud un gair.

Yr oedd y llythyr yn ei hyspysu fod ei Arglwyddiaeth yn rhoddi bywioliaeth eglwysig iddo, mewn rhan arall o'r esgobaeth, yr hon oedd yn werth cant a haner o bunau yn flynyddol.

GEIR-LECHRES (Vocabulary).

ARGLWYDDIAETH, Lordship.
BALCH, proud.
BYWIOLIAETH, living.
CREFFT, trade.
CYFLOG, salary, wages.

CYNAL, to support.
DIGIO, to be angry or vexed.
EGLWYSIG, church.
ESGOBAETH, bishopric.
GOGLEDD, north.

GORFODI, to compel.
GOSTYNGEDIG, humble.
GWARTH, disgrace.
MANTAIS, advantage.
MYFYRDODAU, thoughts, reflections.

NI WNA Y TRO, it will not do.
PALAS, palace.
PLWYF, parish.
TREULIO, to spend.
YSGRIFENYDD, secretary.

79.—Y Ffermwr haelionus.

FLYNYDDOEDD yn ol yr oedd hen weinidog yn byw yn Nghaerdydd, yr hwn oedd enwog am ei ddawn i gasglu arian at achosion da.

Un tro yr oedd wedi myned i bentref gwledig ar daith gasglyddol, ac aeth cyfaill o'r lle gydag ef at dŷ ffermwr cyfoethog. Pan oeddent yn neshau at y tŷ clywent sŵn mawr, a chan eu bod yn agos, yr oedd y geiriau a leferid yn hawdd eu clywed.

Yr oedd y ffermwr yn beio y forwyn, ac yn ei thrin yn arw mewn geiriau llym am afradu tamaid o ganwyll. Dywedodd y gweinidog wrth ei gyfaill, "Y mae yn well i ni fyn'd yn ol, y mae yn sicr na chawn ddim yma, am fod y gŵr yn gwneud cymaint ystŵr ynghylch cetyn (pwt) o ganwyll." Anogodd ei gyfaill ef i fyn'd yn mlaen, gan fod y ffermwr a'i wraig wedi eu gweled erbyn hyn.

Aethant i'r tŷ, ac wedi ychydig o siarad, hyspysodd y gweinidog ei neges. Wedi iddo orphen, dywedodd y ffermwr wrtho, "Rhoddaf bum' punt i chwi." Synodd y gweinidog at faint y rhôdd, wrth feddwl am yr hyn a glywodd pan yn dyfod at y tŷ.

Yna gofynodd y gweinidog iddo pa ham yr oedd yn trin y forwyn mor arw ar eu dyfodiad i'r tŷ, ac eto yn rhoddi mor haelionus iddo ef, yr hwn oedd yn ddieithr iddo. Atebodd y ffermwr, "Oni bai fy mod yn edrych ar ol y pethau bychain i rwystro pob math o wastraff, ni fyddai genyf ddim i'w roddi i chwi nag i neb arall."

Gofalwch am y ceiniogau, fe ofala y punoedd am danynt eu hunain.

GEIR-LECHRES (Vocabulary).

ACHOS, cause.
AFRADU, to waste.
ANOG, to urge.
BEIO, to blame.
CASGLYDDOL, collecting.
CETYN O GANWYLL, bit of candle, candle end.
DAWN, gift, talent.
DYFODIAD, coming.
ERBYN HYN, by this time.
O WASTRAFF, waste.
HAELIONUS, generous, liberal.

LLEFARU, to speak.
LLYM, sharp.
MORWYN, servant girl, maid.
PWT, short bit.
NESHAU, come near, approach.
ONI BAI, were it not.
RHWYSTRO, to prevent.
TAITH, journey.
TRIN, to scold.
YSTWR, noise.

80.—Y Bachgen a'r Llyffant.

UN prydnawn pan oedd yr hen Dduc o Wellington yn rhodio yn y wlad, clywai sŵn wylofain. Wedi iddo chwilio ychydig, fe welodd fachgen bochgoch, oddeutu deng mlwydd oed yn ymblygu dros lyffant dôf oedd yn gorwedd ar y glaswellt. Yr oedd

LLYFFAINT.

y bachgen yn llefain (crïo) fel pe bai ei galon fach ar dori. "Beth sydd arnat ti, fy machgen i?" gofynodd y Duc iddo.

"Yr wyf yn gofidio o herwydd y llyffant," atebodd y bachgen. "Bob boreu yr wyf yn dwyn rhywbeth iddo i'w fwyta, ond yfory byddaf yn myn'd i ysgol yn mhell oddi yma; nid oes neb a ddaw i ofalu am y llyffant pan fyddaf wedi ymadael, ac yr wyf yn ofni y bydd ef farw, Syr."

"Paid â llefain (crïo), machgen i, fe ofala i fod y llyffant yn cael digon i fwyta; ac mi a ddanfonaf atat i'th hysbysu sut y mae arno," oedd ateb tyner yr hen gadfridog.

A bu cystal a'i air; danfonwyd llawer llythyr i'r ysgol gan ysgrifenydd y Duc, yn hysbysu fod y llyffant yn fyw ac yn iach dan ofal un o weision y Duc.

GEIR-LECHRES (Vocabulary).

BOCHGOCH, redcheeked.
CADFRIDOG, General (in the army.)
DOF, tame.
DUC, DUKE.
GLASWELLT, grass.
YN IACH, well.

LLYFFANT, frog.
RHODIO, walk.
TYNER, kind, tender.
WYLOFAIN, weeping.
YFORY, to-morrow.

81.—Y Garddwr ufudd.

YR oedd hen foneddwr yn Neheudir Cymru yn hoff' iawn o'i ardd; ond yr oedd yn methu cael garddwr i'w gweithio wrth ei fodd. Yr oedd llawer o ddynion wedi bod yn ei wasanaeth o bryd i bryd, ond nid oedd yr un o honynt wedi rhoddi boddlonrwydd iddo. Ar ol iddynt fod am ychydig amser yn ei wasanaeth, nid oeddent yn trin yr ardd nac yn ei chadw yn y dull a geisiai.

Pan hyspyswyd fod arno eisieu garddwr, daeth Cymro o Sir Benfro i chwilio am y lle. Ar ol holi y dyn i gael gweled pa faint oedd yn ei wybod am arddwriaeth, cyflogodd y boneddwr ef. Wedi iddo fod yno am wythnos daeth ei feistr ato un boreu, a dywedodd wrtho, " Nid yw y llwyni eirin Mair sydd yn y rhestr acw yn tyfu yn dda : gwell i chwi eu codi, a'u gosod â'u penau yn y ddaear a'u gwreiddiau i fyny ; dichon y bydd iddynt dyfu lawn cystal yn y ffordd hono."

Gwnaeth y garddwr yn ol gorchymyn ei feistr. Dranoeth daeth y boneddwr i'r ardd yn ol ei arfer; a phan welodd y llwyni yn sefyll ar eu penau, dywedodd wrth y garddwr am eu codi, a'u dodi yn y ddaear fel yr oeddent ar y cyntaf. Yr oedd o'r diwedd wedi cael garddwr i wneud yr hyn a orchymynai ; a bu yn ei wasanaeth am lawer o flynyddoedd.

GEIR-LECHRES Vocabulary).

BODDLONRWYDD, satisfaction.
O BRYD I BRYD, from time to time.
DICHON, it may be, perhaps.
DULL, way, manner.
EIRIN MAIR, gooseberries.
GARDDWR, gardener.
GARDDWRIAETH, gardening.

GWRAIDD, root.
HOFF, fond of.
LLWYNI, bushes.
RHESTR, row.
SIR BENFRO, Pembrokeshire.
WRTH EI FODD, to please him.

82.—Y Morwyr ar y Graig.

UN noswaith ystormus drylliwyd llong ar benrhyn ar lànau deheuol Lloegr. Taflwyd tri o'r morwyr i ochr craig ar y làn. Yno y buont yn dal wrth y graig am beth amser, ond teimlent nad oeddent eto allan o berygl, am fod llanw y môr yn codi yn uwch, uwch, ac yn dechreu cuddio y fan yr oeddent yn sefyll arno.

Ofnent rhag iddynt gael eu hysgubo i'r tònau cynddeiriog ar unrhyw foment. Ni allent ddringo yn uwch i fyny ar y creigiau serth, felly gwnaethant benderfyniad i neidio yn ol i'r môr, gan obeithio y byddai i'r tònau eu taflu i fyny ar y làn mewn lle mwy diogel.

Tra yr oeddent yn siarad â'u gilydd, teimlodd un o honynt ei droed yn llithro, ac i achub ei hun, gafaelodd mewn planigyn oedd yn tyfu ar y graig. Trwy oleuni mellten a fflachiodd ar y pryd, gwelodd ei fod yn dal ysprigyn o ffenigl y môr *(sampier)* yn ei law.

Gwaeddodd allan, "Diolch i Dduw, fechgyn, yr ydym yn ddiogel," gan ddangos i'w gyfeillion yr ysprigyn oedd yn ei law. "Gadewch i ni aros lle yr ydym; ni ddaw y môr drosom. Y mae y planhigyn hwn, ffenigl y môr, yn tyfu bob amser ar làn y môr, ond nid yw y dwfr hallt byth yn myn'd drosto." Arosodd y dynion ar y graig hyd y boreu, pan y gwaredwyd hwynt o'u perygl.

GEIR-LECHRES (Vocabulary).

DWFR HALLT, salt water.
FFENIGL Y MOR, samphire.
FFLACHIO, to flash.
GOBEITHIO, to hope.
GOLEUNI, light.
GWAREDU, to save.
LLANW Y MOR, tide.
LLITHRO, to slip.

MORWYR, sailors.
PENDERFYNIAD, resolution.
PENRHYN, cape.
PLANHIGYN, a plant.
SAMPIER, samphire.
TEIMLO, to feel.
YSGUBO, to sweep.
YSPRIGYN, a twig.

83.—Araeth Ddirwestol.

UN noson yr haf diweddaf, yr oedd areithiwr dirwestol yn anerch torf o bobl yn yr awyr agored. Wedi iddo orphen ei araeth, gofynodd dyn ieuanc oedd yn bresenol am ganiatâd i ddweud ychydig o ciriau yn mhellach ar yr un pwnc. Cydsyniwyd â'i gais; yna cododd i fyny a dywedodd nad allai efe weithio heb gwrw, a'i fod ef wedi penderfynu yfed fel y byddai yn weithiwr da trwy ei oes.

Achosodd yr araeth fer hon gryn dipyn o chwerthin yn mhlith y dorf. Yna daeth hen ŵr penwyn yn mlaen, a gofynodd i'r gynulleidfa i wrando ar yr hyn oedd ganddo ef i'w ddweud.

"Yr wyf fi," meddai yr hen wr, "dros dri-ugain-a-deg oed, ac yr wyf wedi gweithio yn galed ar hyd fy oes, fel y gwelwch oddi wrth fy nwylaw. Dywedodd y gŵr ieuanc a siaradodd o fy mlaen, os ydych am weithio fod yn rhaid i chwi yfed. Y mae y sylw yna yn hollol wir, fel y gwn i drwy brofiad.

"Yfwch, yna rhaid i chwi weithio. Pan oeddwn yn ieuanc, yr oeddwn yn enill cyflog da, ac yn gwario llawer ar yfed. Mewn canlyniad, ni chynilais i ddim fel y byddai genyf rywbeth i fyw arno pan yn hen.

"Felly, yn awr yn fy henaint, yr wyf yn gorfod gweithio yn galed er cael cynaliaeth i mi a'm gwraig. Os ydych am weithio trwy eich bywyd, yfwch pan yr ydych yn ieuainc."

Cafodd y geiriau hyn effaith fawr ar y bobl.

GEIR-LECHRES (Vocabulary).

ANERCH, to address.
ARAETH, speech.
AREITHIWR, speaker, lecturer.
AWYR AGORED, open air.
BYR, BER, short.
CWRW, beer, ale.
CYNULLEIDFA, congregation.
DIRWESTOL, temperance.

GWARIO, to spend.
GWEITHIWR, a workman.
OES, life.
PENWYN, white-haired.
PROFIAD, experience.
PWNC, subject.
SYLW, observation, remark.

84.—Yr Asyn a'r Afalau.

PAN oeddwn yn llanc yn yr ysgol, aethum unwaith i dreulio gwyliau yr hâf at fy ewythr yn y wlad. Yr oedd gan fy ewythr asyn lled gyfrwys, yr hwn oedd yn hoff iawn o afalau.

YR ASYN.

Un prydnawn yr oeddwn i a fy nghefnder wedi llenwi ein pocedau ag afalau, ac yr oeddem yn sefyll ar lecyn agored heb fod yn mhell oddi wrth y tŷ yn eu bwyta. Ger llaw i ni yr oedd y gwartheg a'r asyn yn pori. Pan welodd yr asyn fod afalau genym, daeth tuag atom, a safodd o'n blaenau.

Cynygiodd fy nghefnder afal iddo, ond pan estynodd yr anifail ei ben i'w gymeryd, tynodd y bachgen ei law yn ol. Gwnaeth hyny bedair gwaith yn olynol. Dywedais wrtho am beidio â thwyllo y creadur yn y dull hwnw, ond yn hytrach i roddi yr afal iddo, wedi iddo ei siomi gynifer o weithiau.

Pan y gwnaeth hyny y pumed tro, rhedodd yr asyn ato, a gafaelodd yn ei benelin. Gwaeddodd fy nghefnder gan y poen, a gollyngodd yr afal o'i law. Pan welodd y creadur cyfrwys fod yr afal ar lawr, gollyngodd ei afael, ac wedi iddo godi y ffrwyth rhedodd ymaith.

Nis gallaswn lai na chwerthin wrth weled y cyfrwysder a ddangosodd yr anifail i gael meddiant o'r afal. Ni chafodd fy nghefnder lawer o niwed, a gofalodd wed'yn rhag poeni yr asyn.

GEIR-LECHRES (Vocabulary).

ASYN, ass, donkey.
CEFNDER, cousin.
CYFRWYSDER, cunning.
DULL, manner, way.
EWYTHR, uncle.
GWARTHEG, cattle.
YN HYTRACH, rather.
LLANC, youth.
LLECYN AGORED, open space.

MEDDIANT, possession.
YN OLYNOL, in succession.
PENELIN, elbow.
POENI, to cause pain, to tease.
PORI, to graze.
SIOMI, to disappoint.
TREULIO, to spend.
TWYLLO, to deceive.

85.—Y Tywysog Dirwestol.

MAB oedd Cyrus i frenin Persia; a phan oedd yn llanc bach deg oed, gwahoddwyd ef gan ei daid (ei dad-cu), yr hwn oedd yn frenin Media i ymweled ag ef. Yn mhen ychydig ddyddiau wedi i Cyrus gyrhaedd llŷs Media, gwnaed gwledd fawr, a gwahoddwyd iddi brif dywysogion, pendefigion a swyddogion y wlad.

Yn ystod y wledd yfwyd cryn lawer o win o bob

math, a chyn i'r wledd ddiweddu, yr oedd rhai o'r gwahoddedigion wedi meddwi. Cododd terfysg yn mhlith y meddwon, a chafwyd cryn drafferth i adferu heddwch yn y lle. Nid oedd Cyrus bach wedi gweled y fath olygfa o'r blaen, am fod meddwdod yn anadnabyddus yn mhlith y Persiaid.

Dranoeth ar ol y wledd, pan oedd Cyrus yn sefyll o flaen yr orsedd, gorchymynodd ei daid (tad-cu) iddo ddwyn ato gwpanaid o win. Wedi iddo ddychwelyd â'r gwin, plygodd yn foesgar o flaen y brenin, ac estynodd y cwpan i'w law.

Gwenodd y brenin ar ei ŵyr bach, a dywedodd, "Yr ydych wedi anghofio un peth pwysig, fy machgen anwyl; y mae yn ddyledswydd ar y gwas sydd yn estyn y cwpan i brofi y gwin ynddo cyn ei roddi yn llaw y brenin. Profwch ef yn gyntaf."

"Yr wyf yn ofni gwneud hyny," meddai Cyrus, gan edrych i fyny i wyneb ei daid (tad-cu), "y mae rhywbeth ynddo sydd yn effeithio ar ben pwy bynag a ŷf o hono. Gwelsom hyny yma ddoe, pan grëwyd cynhwrf mawr gan y rhai oedd wedi yfed gwin."

Cafodd eiriau y tywysog bach effaith fawr ar y brenin a'i swyddogion.

GEIR-LECHRES (Vocabulary).

ADFERU, to restore.
ANADNABYDDUS, unknown.
BRENIN, king.
CWPANAID, cupful.
CYNHWRF, disturbance, noise.
DIWEDDU, to end.
DYLEDSWYDD, duty.
GORSEDD, throne.
GWAHODD, to invite.
GWAHODDEDIGION, guests.
GWENU, to smile.
GWLEDD, a feast.

GWYNEB, face.
HEDDWCH, peace.
MATH, kind.
MEDDW-DOD, drunkenness.
PENDEFIGION, lords, nobles.
PROFI, to taste.
PWYSIG, important,
TAD-CU ⎫ grandfather.
TAID,   ⎭
TERFYSG, disturbance.
TYWYSOG, prince.
WYR, grandson.

86.—Y Bachgen Mud.

YR oedd gan Crœsus, brenin Lydia, fab yr hwn oedd yn fud. Arferwyd pob moddion a ellid eu dychmygu gan feddygon ac ereill er symud yr hyn oedd yn rhwystro y bachgen i siarad, ond methiant fu y cwbl. Pan oedd y llanc yn bedair-ar-ddeg oed, gwnaed ymosodiad ar Sardis, prif ddinas Lydia, gan y Persiaid, ac o'r diwedd cymerwyd hi drwy ruthr ofnadwy. Rhedodd un o filwyr Persia i mewn i lŷs y brenin gyda chleddyf noeth yn ei law, ac wedi iddo gyrhaedd yr ystafell frenhinol, dechreuodd ymosod ar y brenin. Yr oedd y bachgen mud yn bresenol, a phan welodd fod bywyd ei dad mewn perygl, cafodd y fath ddychryn fel y rhyddhawyd llinynau ei dafod, a gwaeddodd allan yn gyffrous iawn:—"O filwr, hwn yw Crœsus y brenin; fy nhad ydyw; paid â'i ladd; arbed ei fywyd." Wrth glywed y geiriau hyn, dododd y milwr ei gleddyf yn y wain, ac arweiniodd Crœsus yn garcharor at frenin Persia.

Ni chollodd y llanc tra y bu byw y gallu i siarad a ddaeth iddo mewn ffordd mor hynod a rhyfeddol.

GEIR-LECHRES (Vocabulary).

ARFERWYD, was used, were used.
BRENHINOL, royal.
BYWYD, life.
CARCHAROR, prisoner.
CLEDDYF, sword.
CYFFROUS, excited.
DYCHMYGU, to think of.
DYCHRYN, fear, fright.
GWAIN, sheath.
LLINYNAU, strings.
LLYS, court.
MEDDYG, doctor.
METHIANT, failure.
MODDION, means.
NOETH, naked.
OFNADWY, dreadful, furious.
PRIF-DDINAS, chief town, capital.
RHUTHR, a rush, attack.
RHYDDHAU, to set free.
SYMUD, to move.
TAFOD, tongue.
YMOSODIAD, an attack.

87.—Moesgarwch y Spartiaid.

YN yr hen amseroedd pan oedd gwlad Groeg yn ei bri, digwyddodd i hen ŵr fyned i gyfarfod cyhoeddus yn Athens, ond methodd gael un eisteddle wâg yno. Sylwodd rhai dynion ieuainc ar ei ddyryswch, a gwnaethant amnaid arno i ddyfod yn mlaen atynt hwy. Pan gyrhaeddodd yr hen ŵr i'r fan, nid oedd ganddynt le iddo, ac ni wnaethant un ymdrech i geisio lle iddo chwaith. Gorfu i'r hen ŵr gerdded yn mlaen o rês i rês, tra yr oedd yr holl gynulleidfa yn chwerthin yn galonog wrth weled nad allai gael lle i eistedd.

Yr oedd yn bresenol yn y cyfarfod ddieithriaid o Sparta, dinas enwog yn ngwlad Groeg; ac i'r ymwelwyr hyn yr oedd rhai o'r seddau goreu wedi eu neillduo. Cerddodd yr hen ŵr yn ei flaen nes iddo gyrhaedd y rhan hono o'r adeilad lle yr oedd y dieithriaid yn eistedd. Ar ei ddyfodiad yno cododd y Spartiaid fel un gŵr, a chyda'r parch mwyaf derbyniasant ef i'w plith, a rhoddasant iddo yr eisteddle oreu oedd ganddynt.

Parodd hyn i'r Atheniaid weled eu bod wedi ymddwyn yn hynod anfoesgar tuag at yr henafgwr. Yna rhoddodd y dorf fawr floedd o gymeradwyaeth i'r Spartiaid. Wedi cael tawelwch, cododd yr hen ŵr i fyny a dywedodd mewn llais uchel a glywid trwy yr holl adeilad, " Y mae yr Atheniaid yn deall moesau da, ond y mae y Spartiaid yn eu hymarfer."

GEIR-LECHRES (Vocabulary).

ADEILAD, building.
AMNAID, a nod, a sign.
AMSEROEDD, times.
ANFOESGAR, unmannerly, rude.
ATHENIAID, Athenians.

BRI, glory.
CYHOEDDUS, public.
DIEITHRIAID, strangers.
DYRYSWCH, confusion.
EISTEDDLE, seat.

GORFU I'R HEN WR, the old man was obliged (compelled.)
YN GALONOG, heartily.
GWLAD GROEG, Greece.
HENAFGWR, old man.
MOESAU DA, good manners.
MOESGARWCH, politeness.
NEILLDUO, set apart.
RHES, row.
SPARTIAID, Spartans.
YMARFER, practice.

88.—Alexander Fawr a'i Filwyr.

YN ystod taith hir a phoenus trwy wlad boeth, dioddefodd Alexander Fawr a'i fyddin lawer oddi wrth syched. Danfonwyd milwyr cryfion allan i chwilio am ddwfr. Wedi iddynt gerdded am lawer o oriau, daethant at ffynon fechan yn tarddu allan o graig.

Llanwodd un o'r milwyr ei helm â dwfr, a dygodd ef at y brenin i'w ddisychedu. Dangosodd y brenin y dwfr i'w filwyr i'w calonogi ar eu taith flinderus, ac fel arwydd iddynt fod dwfr yn awr o fewn eu cyrhaedd.

Yna yn lle yfed y dwfr o'r helm, taflodd ef i'r ddaear o flaen llygaid ei holl filwyr. Rhoddodd y fyddin floedd fawr o orfoledd, pan welsant hunanymwadiad eu brenin, ac nid oedd yr un o honynt ar ol hyn yn meddwl am ei syched. Dywedasant wrth y brenin y cawsai eu harwain lle y mynai, a'u bod yn foddlawn i'w ddilyn i'r gwledydd mwyaf pellenig ar wyneb y ddaear.

GEIR-LECHRES (Vocabulary).

ARWYDD, mark.
BLOEDD, shout.
CALONOGI, encourage.
DIODDEFODD, suffered.
DISYCHEDU, to quench thirst.
FFYNON, fountain, well.
GORFOLEDD, rejoicing.
GWLEDYDD, countries.
HELM, helmet, covering for the head.
HUNAN-YMWADIAD, self-denial.
PELLENIG, distant.
POENUS, painful.
SYCHED, thirst.

89.—Yr Athronydd a'r Goron Aur.

RHODDODD Hiero, brenin Syracus, bwysau mawr o aur i ôf i wneud coron iddo. Wedi ei chael, drwg-dybiodd y brenin nad oedd y gôf wedi gwneud y goron o aur pur yn ol ei orchymyn, ond fod metel llai gwerthfawr, megis arian, wedi ei ddodi ynddi.

Aeth y brenin at Archimedes, yr hwn oedd yn enwog am ei wybodaeth o athroniaeth naturiol, a cheisiodd ganddo chwilio i mewn i'r peth, er gweled a oedd unrhyw dwyll wedi ei wneud.

Er i'r athronydd droi y peth drosodd yn ei feddwl am rai dyddiau, methodd ddarganfod dim a daflai oleuni ar y dirgelwch. Un diwrnod pan oedd yn ymdrochi yn y baddonau cyhoeddus, sylwodd fod ei gorph yn symud pwysau neillduol o ddwfr, ac oddi wrth hyn gwelodd y gallai wrth gyfrif yn fanwl gael allan y dirgelwch.

Cymaint oedd ei orfoledd wedi iddo wneud y darganfyddiad hwn, fel yr anghofiodd wisgo am dano yr oll o'i ddillad, a rhedodd allan i'r ffordd yn haner

BRENIN SYRACUS.

noeth. Dangosodd Archimedes fod y gôf wedi twyllo y brenin, a chospwyd y drwg-weithredwr am ei drosedd.

GEIR-LECHRES (Vocabulary).

ATHRONIAETH, philosophy.
ATHRONYDD, philosopher.
BADDONAU, baths.
CORON, a crown.
CYFRIF, to reckon.
DARGANFOD, to discover.
DARGANFYDDIAD, a discovery.
DRWGDYBIODD, suspected.
DRWG-WEITHREDWR, evil-doer.
METEL, metal.
NATURIOL, natural.
NOETH, naked.
PUR, pure.
PWYSAU, weights.
SYMUD, move.
TROSEDD, crime, transgression.
TWYLL, deceit, fraud.
YMDROCHI, to bathe one's self.

90.—Perlau y Foneddiges.

YR oedd Cornelia yn foneddiges enwog yn byw yn Rhufain, pan oedd y ddinas hono yn ei gogoniant. Yr oedd gan Cornelia ddau fab, a rhoddodd iddynt yr addysg oreu a ellid ei gael yn y dyddiau hyny er eu cyfaddasu i wasanaethu eu gwlad. Gwariodd ar addysg ei meibion yr arian a roddid iddi gan ei gŵr i brynu dillad costus a gemau gwerthfawr iddi ei hun.

Un prydnawn ymwelwyd â Chornelia gan foneddiges oedd yn wraig i un o brif ddinasyddion Rhufain. Yr oedd hon wedi ei gwisgo yn ardderchog mewn dillad gwych, gyda llawer o berlau gwerthfawr. Ar ol eu dangos, gofynodd y foneddiges i Cornelia am ddwyn ei pherlau hi i'r golwg i'w cydmaru a'u gilydd. Yn lle rhoddi ateb uniongyrchol, trôdd Cornelia yr ymddiddan yn ddeheuig iawn at rywbeth arall.

Pan ddaeth ei dau fab i'r tŷ o'r ysgolion cyhoeddus, galwodd Cornelia arnynt i ddyfod yn mlaen i gyfarch ei hymwelydd. Wedi iddynt gyrhaedd yr ystafell, dywedodd Cornelia wrth ei hymwelydd, gan gyfeirio at ei meibion, "Dyma fy mherlau i, a'r gemau mwyaf costus sydd yn fy meddiant."

GEIR-LECHRES (Vocabulary).

CYDMARU, compare.
CYFADDASU, to make fit, suitable for.
CYFARCH, to salute, address.
CYFEIRIO, to point.
DINESYDD, citizen.
YN DDEHEUIG, cleverly.

GOGONIANT, glory.
GWARIO, to spend.
GWYCH, grand, fine.
PERLAU, pearls.
UNIONGYRCHOL, direct.
YMWELYDD, visitor.

91.—Lladd Gelyn.

WEDI i'r Normaniaid oresgyn Lloegr, daeth lliaws o honynt i ymosod ar y Cymry yn y Deheudir. Un o'r cyntaf i ddioddef oddi wrth ymosodiad y Normaniaid oedd hen dywysog Cymreig, yr hwn oedd yn berchen tiroedd eang yn Morganwg. Gyrwyd ef a'i ganlynwyr o'r gwastadedd ffrwythlawn, a gorfu iddynt fyw yn mhlith y mynyddoedd.

Tua dwy flynedd wedi cyflawni y camwri hwn, aeth y traws-feddianydd Normanaidd gyda llawer o'i weision i hela. Wedi iddynt gyrhaedd coedwig fawr ar y ffordd i'r mynyddoedd, gwasgarwyd hwynt oddi wrth eu gilydd, a gadawyd yr arglwydd Normanaidd heb neb yn ei ganlyn. Pan yn ceisio cael hyd i'r ffordd, digwyddodd i'w geffyl lithro, a syrthiodd yntau i'r llawr. Cafodd ei anafu mor drwm fel nad allai godi.

Wedi iddo orwedd yn y cyflwr hwn yn hollol ddiamddiffyn am rai oriau, clywai sŵn lleisiau dynion yn siarad. Gobeithiai ar y cyntaf mai ei weision ei hun oedd yno yn chwilio am dano. Pan ddaethant yn nes, trôdd ei ben i geisio cael golwg arnynt, ac er ei ddychryn canfu oddi wrth eu gwisg mai Cymry oeddent. Gan eu bod yn elynion i'w gilydd, meddyliodd fod ei awr olaf wedi dyfod, ac y byddai iddynt ei ladd cyn gynted ag yr adnabyddent ef.

Yr hen dywysog Cymreig a'i ganlynwyr oedd yno. Adnabyddodd y Cymro y dyn oedd wedi gwneud cymaint o gam âg ef, a gwelodd ei fod trwy gyfarfod â damwain yn hollol yn ei law.

Gorchymynodd y tywysog i'w weision godi y Norman i fyny yn ofalus, a'i ddwyn i'w breswylfod ef yn y pentref Cymreig. Cyrchwyd meddyg ato, yr hwn a gafodd ei fod wedi tori ei goes. Gofalwyd am dano yn y modd mwyaf caredig, ac wedi iddo gwbl iachau, cafodd ddychwelyd i'w gartref.

Cynyrchwyd y fath deimlad o ddiolchgarwch yn nghalon y Norman drwy ymddygiad tyner a charedig y Cymro tuag ato, fel y rhoddodd i fyny i'r hen dywysog yr holl diroedd a drawsfeddianwyd ganddo, a bu fyw y gweddill o'i oes mewn heddwch â'r Cymry.

" Os dy elyn a newyna, portha ef."
" Gorchfyga di ddrygioni trwy ddaioni."

GEIR-LECHRES (Vocabulary).

ANAFU, to injure.
ARGLWYDD, lord.
CAM, CAMWRI, wrong.
CANLYNWYR, followers.
COEDWIG, wood, forest.
CYNYRCHU, produce, cause.
CYRCHU, to fetch.
DAMWAIN, accident.
DIAMDDIFFYN, defenceless.
DIOLCHGARWCH, thankfulness.
FFRWYTHLAWN, fruitful, fertile.

GORESGYN, conquer.
GWASGARWYD, were separated.
GWASTADEDD, plains.
HELA, to hunt.
LLITHRO, to slip.
MEDDYG, a doctor.
NEWYNU, to hunger.
NORMANIAID, Normans.
PORTHI, to feed.
TEIMLAD, feeling.
TRAWS-FEDDIANYDD, usurper, not the rightful owner.

92.—Syr Dafydd Gam.

YN nheyrnasiad y brenin Harri V., yr oedd rhyfel rhwng y Saeson a'r Ffrancod. Cyn ymladd brwydr fawr Agincourt, anfonwyd Cymro o'r enw Dafydd Gam, yr hwn oedd yn swyddog yn y fyddin Seisnig, i edrych i sefyllfa y gelynion. Gwelodd Dafydd Gam fod y Ffrancod yn llawer lliosocach na'r Saeson; a sylwodd hefyd nad oedd fawr drefn ar y fyddin Ffrengig Ar ei ddychweliad, dywedodd wrth y brenin a'i swyddogion, "Y mae yna ddigon o Ffrancod i'w lladd, digon i'w cymeryd yn garcharorion, a digon i redeg ymaith." Boddlonwyd y brenin yn fawr gan atebiad calonogol y Cymro; ac am ei wrhydri yn y frwydr dranoeth, gwnaeth y brenin ef yn farchog.

GEIR-LECHRES (Vocabulary).

BRWYDR, battle.
CARCHAROR, prisoner.
DYCHWELIAD, return.
GWRHYDRI, bravery.
LLIOSOCACH, more numerous.

MARCHOG, a knight.
SEFYLLFA, state.
TEYRNASIAD, reign.
TREFN, order.

93.—Dienyddiad Arglwydd Russell.

PAN oedd Arglwydd Russell, yr hwn a gollodd ei ben yn nheyrnasiad Siarl yr Ail, ar gael ei ddienyddio, efe a dynodd allan ei oriawr, ac a'i hestynodd i'r offeiriad a weinyddai iddo ar yr adeg alarus hono. Dywedodd wrtho, "Dyna, Syr, yr hyn a ddengys amser, gwnewch ddefnydd o honi. Nid oes arnaf ei heisieu mwyach, oblegid yr wyf yn myned i dragywyddoldeb."

GEIR-LECHRES (Vocabulary).

ADEG, time, occasion.
AMSER, time.
DEFNYDD, use.
DENGYS, will show.
DIENYDDIO, to execute.

GALARUS, mournful, sad.
GWEINYDDU, perform the service
ORIAWR, a watch.
SIARL YR AIL. Charles II.
TRAGWYDDOLDEB, eternity.

94.—Llun y Brenin.

YR oedd Frederic yr Ail, brenin Prwsia, yn hoff iawn o chwareu troion ysmala. Un diwrnod aurhegodd un o foneddwyr ei lŷs â blwch hardd gyda llun pen asyn tu fewn i'r cauad. Dranoeth meddyliodd y brenin gael tipyn o ddigrifwch gyda'r boneddwr, a dechreuodd ymddiddan ag ef yn gyhoeddus yn y llŷs yn nghylch yr anrheg a roddodd iddo y diwrnod blaenorol.

Yr oedd chwaer y brenin yn bresenol, a gofynodd i'r boneddwr i ddangos iddi yr anrheg. Wedi iddi gael y blwch yn ei llaw, agoroddef, a syllodd yn fanwl ar yr hyn oedd tu fewn i'r cauad. Yna dywedodd, "Dyma ddarlun tlws, ac mor debyg ydyw i chwi, fy mrawd. Hwn yw y darlun goreu o honoch a welais erioed."

Gwridodd y brenin, ac nid oedd yn gwybod pa atebiad i'w roddi i'r dywysoges. Trosglwyddwyd y blwch o law i law, ac yr oedd pob un yn canmol y darlun. Nid oedd y brenin yn gwybod yn iawn pa beth i'w wneud, am ei fod yn tybied fod pawb yn ei wawdio.

O'r diwedd estynwyd y blwch i'r brenin, a mawr oedd ei ryfeddod pan welodd fod ei lun ei hun wedi osod yn nghauad y blwch gan y boneddwr yn lle llun y pen asyn. Nis gallai y brenin lai na chwerthin yn galonog wrth weled fod gweithred foesgar y boneddwr wedi peri iddo wneud y fath gamgymeriad.

GEIR-LECHRES (Vocabulary).

ANRHEGU, to reward.
ATEBIAD, answer.
CAMGYMERIAD, mistake.
CANMOL, to praise.
CAUAD, a cover.
DARLUN, a picture.
DIGRIFWCH, amusement, fun.
GWEITHRED, act.
GWAWDIO, to laugh at, to make fun of.

GWRIDO, to blush, to redden.
LLYS, a court.
SYLLU, to look hard at.
TEBYG, like.
TLWS, beautiful.
TROSGLWYDDO, to pass on.
TYWYSOGES, princess.
YSMALA, funny, droll.

95.—Y Meddyg a'r Indiaid.

YN y ganrif ddiweddaf bu rhyfel am rai blynyddau rhwng y Saeson a'r Indiaid Cochion yn America. Mewn un frwydr cymerwyd meddyg oedd gyda'r fyddin Seisnig yn garcharor gan yr Indiaid. Yr oedd y meddyg yn deall iaith y brodorion, ac yn mhen ychydig oriau wedi iddo syrthio i'w dwylaw, clybu hwynt yn nodi rhai o'u nifer i flingo croen ei ben.

"A ydych chwi yn bwriadu fy mlingo i?" meddai mewn llais cryf fel taran, "dewch yn mlaen yn awr, a gwnewch hyny, os meiddiwch. Os cyffyrdda un o honoch â mi i'm niweidio, bydd yr Yspryd mawr sydd yn gwylio drosof yn sicr o gospi yr adyn hwnw."

Wedi iddo ddywedyd hyn, tynodd y meddyg ei wallt gosod *(wig)* oddi ar ei ben. Wrth weled pen moel y dyn gwyn dychrynodd yr Indiaid yn fawr, am fod gwisgo gwallt gosod yn beth hollol anadnabyddus yn eu plith.

Yr oedd eu dychryn yn fwy fyth, pan ddywe lodd, "Yr wyf yn medru eich llosgi yn lludw â gwres yr haul, yr hwn a ddygaf i lawr arnoch." Yna tynodd wydr bychan o'i logell, a chan afaelyd yn llaw Indiad ieuanc, daliodd hi dan y gwydr, tra yr oedd pelydrau yr haul yn disgyn arni.

Yr oedd y gwres a achosid gan y gwydr yn peri poen mor annioddefol i'r anwariad ieuanc, fel y gwaeddodd allan fod ei law yn myned ar dân. Wrth weled fod eu carcharor yn ddyn o allu gwyrthiol yn eu tyb hwy, penderfynodd y penaethiaid ei ollwng yn rhydd, ac arweiniwyd ef yn ol yn ddiogel at y fyddin Seisnig.

GEIR-LECHRES (Vocabulary).

ACHOSI, to cause.
ADYN, wretch, bad man.
ANADNABYDDUS, unknown.
ANNIODDEFOL, unbearable.
ANWARIAD, a savage.
BLINGO, to flay, to pluck off the skin.
BLINGO CROEN PEN, to scalp.
BRODORION, natives.
BWRIADU, to intend.
CANRIF, a century, a hundred years.
CYFFWRDD, to touch.
DEALL, understand.
GALLU, power.
GWALLT GOSOD, false hair, wig.

GWRES, heat.
GWYLIO, to watch.
GWYRTHIOL, miraculous.
IAITH, language.
INDIAID, Indians.
LLOGELL, pocket.
LLUDW, ASHES.
OS MEIDDIWCH, if you dare.
MOEL, bald.
PELYDRAU, rays.
PENAETHIAID, chiefs.
TARAN, clap of thunder.
TYB, opinion.
YSPRYD, spirit.

96.—Cymwynas i Swyddog Tlawd.

UN diwrnod aeth swyddog i balas Joseph, Ymherawdwr Awstria, i ofyn am gymhorth iddo ef a'i deulu am eu bod mewn tlodi mawr. Yr oedd yr Ymherawdwr yn adwaen y swyddog yn dda, ac yr oedd yn gwybod ei fod wedi gwasanaethu yn ffyddlawn pan yn y fyddin.

"Nid oes genyf," meddai ei Fawrhydi, "ond ugain sofren (penadur) yn fy mhoced, dyma nhw i chwi." "Y mae hyny yn ormod o lawer," meddai un o weision y llŷs mewn llais isel, "byddai ugain swllt yn llawn digon iddo."

Clywodd yr Ymerawdwr y geiriau, er eu bod wedi eu llefaru mewn tôn isel; trôdd at y gwas, a gofynodd, "A oes cymaint a hyny o arian genych?" "Oes, Syr," atebodd y gwas, ac wedi iddo eu tynu o'i logell, rhoddodd hwynt yn llaw yr Ymherawdwr.

Wedi iddo eu cael, dododd hwynt at yr ugain sofren, ac yna rhoddodd y cwbl yn llaw y swyddog tlawd, a dywedodd, "Diolchwch i fy ngwas sydd yn dewis uno gyda mi yn y gwaith da o'ch cynorthwyo chwi a'ch teulu yn eich tlodi."

GEIR-LECHRES (Vocabulary).

ADWAEN, to know.
CWBL, all, the whole.
CYMHORTH, help.
CYMWYNAS, kindness, kind act.
CYNORTHWYO, to help.
SOFREN, a sovereign (coin.)
UNO, to join.
YMHERAWDWR, Emperor.

97.—Prydlondeb.

GWAHODDODD yr Ymherawdwr Napoleon Bonaparte ei swyddogion milwrol i giniawa gydag ef un prydnawn am chwech o'r gloch. Yr oedd y swyddogion ychydig amser yn rhy hwyr yn dyfod i'r wledd.

Eisteddodd yr Ymherawdwr wrth y bwrdd cyn gynted ag y tarawodd y cloc chwech. Yr oedd yn fwytawr buan, ac anaml yr eisteddai wrth y bwrdd uwch law deng munud.

Wedi iddo orphen daeth y swyddogion i'r ystafell, cyfododd yntau i'w derbyn, gan ddywedyd—" Foneddigion, y mae y ciniaw yn awr drosodd, ac ni awn yn mlaen at ein gorchwyl yn ddioed." Felly bu raid iddynt eistedd i ystyried rhyw ryfelgyrch gyda chyllaon gwâg.

GEIR-LECHRES (Vocabulary).

ANAML, not often, seldom.
BUAN, fast.
DWYTAWR, eater.
CINIAWA, to dine.
CYLLA, CYLLAON, stomach, stomachs.
GORPHEN, to finish.

GWAHODD, to invite.
MILWROL, military.
PRYDLONDEB, in time, punctuality.
PRYDNAWN, afternoon.
RHYFELGYECH, a campaign.
TARAWODD, struck.

98.—Bonaparte a'r Milwr.

AR ol enill brwydr Arcola, cerddodd Bonaparte oddi amgylch i'r gwersyll yn y nos, i edrych a oedd y milwyr oeddent yn gwylio yn cyflawni eu dyledswydd yn briodol.

Pan ddaeth at un man, cafodd y gwyliwr yn cysgu. Cododd ei ddryll heb ddeffro y dyn, ac yna cerddodd yn ol a blaen ar y llwybr gosodedig am beth amser. O'r diwedd deffrôdd y milwr, a mawr oedd ei ddychryn pan welodd y cadfridog yn sefyll fel gwyliwr yn ei le.

Gwaeddodd allan mewn llais oedd yn dangos yr ofn mwyaf, " O, Syr, y mae hi ar ben arnaf." "Paid âg ofni, fy nghyfaill," atebodd y cadfridog, "ar ol ymladd mewn brwydr fel heddyw, yr wyt, mi wn, wedi blino yn fawr; ac y mae dyn gwrol fel tydi yn haeddu bwrw dy flino a chysgu, ond y tro nesaf dewis amser a lle mwy priodol i wneud hyny nag a wnêst ti heno."

GEIR-LECHRES (Vocabulary).

BWRW DY FLINO, rest yourself.
DRYLL, gun, rifle.
DYLEDSWYDD, duty.
ENILL, to gain.
GOSODEDIG, fixed, marked.
GWERSYLL, camp.
GWYLIWR, watchman, sentry.
LLWYBR, path.
ODDI AMGYLCH I, round.
YN OL A BLAEN, backwards and forwards.

99.—Y Milgi ffyddlawn.

(O'r hen Gymraeg.)

YR oedd gŵr gynt yn byw yn Abergarfan ag iddo wraig ac un mab, ei unig blentyn, yn faban yn ei gawell. Myned a wnaeth y wraig i'r eglwys i addoli; y gŵr a glywai lafar bytheiaid yn ymlid carw ar ei dir. "Mi a âf i gyfarfod â'r cŵn," eb efe, "fel y caffwyf y rhan o'r carw sydd i mi am fy mod yn arglwydd y tir."

Myned a wnaeth, a gadael ei blentyn yn y cawell yn cysgu, a'i filgi yn gorwedd ger llaw iddo. Tra y bu y gŵr oddi yno, dyfod a wnaeth cenaw blaidd i'r tŷ, ac a fynai ladd y plentyn a'i fwyta. Yna y milgi a ymladdodd yn galed â'r blaidd, ac a'i lladdodd wedi hir ymdrin, a chael ei glwyfo yn friwedig; ac yn hyny o ymdrech troi a wnaeth y cawell wyneb i waered.

Pan ddaeth y gŵr yn ol i'r tŷ, y milgi a gyfododd yn waedlyd i roesawu ei feistr, gan siglo (ysgwyd) ei gynffon a'i ben arno yn garedig. Ond y gŵr gan weled gwaed ar y milgi, ac yn llynwyn ar y llawr, a feddyliodd i'r milgi ladd ei unig blentyn; ac yn wŷn o lid ac amhwyll, gwân (trywanu) y milgi â'i gleddyf a wnaeth, a'i ladd.

Gwedi hyny wrth droi'r cawell i fyny, gwelai'r plentyn yn fyw ac yn iach diniwed, a ger llaw iddo y blaidd yn farw, a'r milgi yn friwedig gan ddanedd y blaidd. Ac edifar bu gan y gŵr ei weithred amhwyll.

GEIR-LECHRES (Vocabulary).

ADDOLI, to worship.
AMHWYLL, thoughtlessness, rashness.
BLAIDD, wolf.
BRIWEDIG, wounded.
BYTHEIAID, hounds.
CARW, deer.
CAWELL, cradle.
CENAW BLAIDD, young wolf, wolf's cub.
CLWYFO, to wound.
CROESAWU, to welcome.
DI-NIWED, uninjured.
EDIFAR, sorry for, repent.
FFYDDLAWN, faithful.

GWAEDLYD, covered with blood.
GWAN, to pierce.
GWYNEB I WAERED, face downward, upside down.
LLAFAR, noise, voice, bark.
LLID, anger.
LLYNWYN, in pools, puddles.
MILGI, grey-hound.
SIGLO, to shake.
TRYWANU, to pierce.
YMDRIN, to contend, fight.
YMLID, to follow, pursue.
YSGWYD, to shake.

100.—Codi yn fore.

DYWEDODD un o awduron enwocaf Lloegr am y modd y dysgodd godi yn fore.

"Pan yn ieuanc, yr oeddwn yn hoff iawn o gysgu yn hir yn y boreu; yr oedd hyn yn fy yspeilio o lawer o amser; ond Joseph fy ngwas a'm cynorthwyodd i orchfygu y gwendid hwn.

"Addewais roddi coron i Joseph bob boreu y gwnai i mi godi erbyn chwech. Y boreu nesaf Joseph a'm deffrôdd, ond methodd wneud i mi godi.

Dranoeth ni bu yn fwy llwyddianus, a chanol dydd gorfu i mi gyfaddef fy mod yn treulio fy amser yn ofer.

"Dywedais wrtho nad oedd yn deall y ffordd i weithredu; y dylai feddwl am fy addewid, a pheidio â sylwi ar fy mygythion.

"Y diwrnod canlynol daeth Joseph i mewn i'r ystafell, a dechreuodd fy nhynu o'r gwely. Crefais arno i adael llonydd i mi am ychydig amser. Bygythiais ef, gelwais enwau drwg arno, ond nid oedd dim yn tycio, trôdd Joseph glust fyddar i'r cwbl. Gorfu i mi roddi i fyny, a chodi.

"Yn mhen awr diolchais iddo am ei ffyddlondeb, a chafodd goron yn wobr. Gwnaeth hyny bob dydd nes i mi ddysgu yr arferiad o godi yn fore heb gael fy ngalw ganddo.

"Yr wyf yn ddyledus i Joseph am ddwsin o leiaf o gyfrolau o'm gweithiau, y rhai a ysgrifenais yn yr oriau a enillais trwy godi yn fore."

GEIR-LECHRES (Vocabulary).

ADDAW, to promise.
ADDEWID, a promise.
ARFERIAD, a habit.
AWDURON, authors.
BYGYTHION, threats.
CREFAIS, I begged.
CYFROL, volume.
CYFADDEF, to confess.
DYLEDUS, indebted.
ENWOCAF, most celebrated.
ERBYN, by.
YN FORE, early.
FFYDDLONDEB, faithfulness.
GWEITHIAU, works.
GWEITHREDU, to act.
GWENDID, weakness.
GWOBR, reward.
LLWYDDIANUS, successful.
YN OFER, in vain.
TYCIO, to succeed, to avail, to serve the purpose.

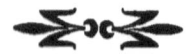

IDIOMATIC SENTENCES.

1. Y mae yn *rhaid i'r dyn* weithio. The *man must* work.
2. *Caf* lythyr yfory oddi wrth fy mrawd. *I shall have (receive)* a letter to-morrow from my brother.
3. *Caf ddysgu* ysgrifenu yn yr ysgol. *I shall learn* to write in school.
4. *Yr wyf yn cael fy* nysgu. *I am being* taught, or I *am* taught.
5. *A ddarfu iddo* ysgrifenu y llythyr? *Do. Did he* write the letter? *Yes.*
6. Mi a *fynaf* eich gweled yfory, *I am determined* to see you to-morrow.
7. A *wnewch chwi ddarllen* y llythyr iddi? Gwnaf. *Will you read* the letter to her? *Yes* or *I will.*
8. Yr *wyf yn gwybod* eich bod yn ddyn dysgedig. I *know* that you are a learned man.
9. Yr *wyf yn adnabod* y dyn yn dda. I *know* the man well, or I *am* well *acquainted* with the man.
10. Yr oedd *hi* yn rhewi yn galed neithiwr; y mae *hi* yn gwlawio heddyw. *It* was freezing hard last night; *it* is raining to-day.
11. *Fe'i perchir hi* gan bawb. *She is respected* by all.
12. *Cododd* yr haul cyn pump o'r gloch yn y boreu. The sun *rose* before five o'clock in the morning.
13. *Cododd* y bachgen y llyfr oddi ar y llawr. The boy *raised* the book from the floor.
14. *Torwch* y bara â'r gyllell fawr. *Cut* the bread with the large knife.
15. Peidiwch â *thori* y ffenestr. Don't *break* the window.
16. *Rhoddodd* ei law ar fy mhen. He *put* his hand on my head.
17. *Rhoddodd* geiniog i'r dyn dall. He *gave* a penny to the blind man.
18. Y *mae* hi *yn byw* yn Aberystwyth. She *lives* at Aberystwyth.
19. Yr oedd y pysgodyn *yn fyw.* The fish *was alive.*
20. Y mae genyf afal. I have an apple.
21. Y *mae yn dda genyf* glywed am eich llwyddiant. *I am glad* to hear of your success.
22. Y *mae* arnaf ofn y tarw. *I am afraid* of the bull.
23. Y *mae arnaf chwant* cerdded at y llyn. *I am inclined* to walk to the lake.
24. Y mae y ddanodd *arni.* *She has* toothache.
25. Gwelais *ddyn* ar y ffordd. I saw *a man* on the road.
26. Y mae y llew *yn gryfach na'r* arth. The lion is *stronger than the* bear.
27. Nid yw y llyfr hwn *cystal* a'r llall. This book is not *so good* as the other.
28. Efe oedd *yr hynaf* o'r ddau. He was *the elder* of the two.
29. Chwarddodd y genethod *am ei ben.* The girls laughed *at him.*

30. *Dyma'r ci sydd yn lladd y defaid.* This is the dog which kills the sheep.
31. *Aeth â'r ceffyl i ffair Abergele.* He *took* the horse to Abergele fair.
32. *Danfonodd lythyr ataf yn mhen mis.* He sent me a letter *in a month's time.*
33. *Cerddodd at y drws.* He walked *to* the door.
34. *Safodd wrth y drws.* He stood *by* the door.
35. *Dywedodd yr hanes wrth ei rïeni.* He told the story *to* his parents.
36. *Yr oedd pedwar gwas yn aredig (troi) yn y cae.* There were four servants ploughing in the field.
37. *Daeth pum' mil o chwarelwyr i'r dref ar y cyntaf o Fai.* Five thousand quarrymen came into the town on the first of May.
38. *Beth yw pris y cig? Deg ceiniog y pwys.* What is the price of the meat? Ten pence *a* pound.
39. *Pwy sydd yn byw yn y tŷ ncw? Wn i ddim.* Who lives in yonder house? *I don't know.*
40. *Ceffyl pwy a werthwyd yn y ffair? Ceffyl eich ewythr.* Whose horse was sold in the fair? Your uncle's horse.

SUBORDINATE CLAUSES.

1. *Y mae yr athraw yn dweud eich bod yn ddarllenwr da.* The teacher says *that you are* a good reader.
2. *Dywedodd nad oedd yr eneth wedi canu yn dda.* He said *that the girl had not sung* well.
3. *Yr wyf yn gwybod i'r dyn ysgrifenu llythyr.* I know *that the man wrote* a letter.
4. *Yr ydym yn gobeithio y daw eich brawd i'r cyfarfod yfory.* We are hoping (or we hope) *that your brother will come* to the meeting to-morrow.
5. *Fe'ch cospir chwi am eich bod wedi gwneud y fath beth.* You will be punished *because you have done* such a thing.
6. *Wedi iddo gyrhaedd y tŷ galwodd ar ei wraig.* *After he had reached* the house he called his wife.
7. *Yr oedd y forwyn wedi gorphen y gwaith cyn i'r haul godi.* The servant-girl had finished the work *before the sun rose.*
8. *Er iddo fyw am lawer o flynyddau yn Lloegr ni anghofiodd ei wlad enedigol.* *Though he lived for many years* in England he did not forget his native country.
9. *Y mae y fuwch a brynwyd gan eich tad wedi ei gwerthu.* The cow *which your father bought* has been sold.
10. *Gwelodd hen ŵr oedd yn sefyll gerllaw fod yr eneth yn gwenu.* An old man *who was standing near* saw *that the girl was smiling.*

ADJECTIVES.

NOTE.—When two objects are spoken of, the comparative is used in English; as, "He is the *elder* of the two." In this case the Welsh employ the superlative; as, "Efe yw'r *hynaf* o'r ddau "=he is the *eldest* of the two. "Efe yw'r *goreu* o'r ddau" = he is the *best* of the two.— *Vide* ROWLAND'S WELSH GRAMMAR.

WREXHAM: ARGRAFFWYD GAN HUGHES AND SON, 56, HOPE STREET.

www.ingramcontent.com/pod-product-compliance
Lightning Source LLC
Chambersburg PA
CBHW022138160426
43197CB00009B/1337